Les savoirs de l'école

CE2
CM1
CM2
cycle 3

SCIENCES et technologie

Conforme aux nouvelles orientations

Jack GUICHARD
Professeur des universités à l'IUFM de Paris

Brigitte ZANA
Professeur à l'IUFM de Versailles

Collection dirigée par
Jean HÉBRARD

hachette
ÉDUCATION

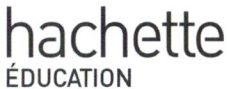

Photos de couverture : © Zefa / Sagel & Kranefeld, © Zefa / Botzek, © Zefa / Steeger
Illustrations : Jean-Luc Maniouloux, Jacques Thomas (pp. 66-67)
Suivi éditorial : Adélaïde Veegaert
Réalisation : Typo-Virgule

www.hachette-education.com

I.S.B.N. 978-2-01-116375-2
© HACHETTE LIVRE 2002, 43, quai de Grenelle, 75905 Paris Cedex 15
Tous droits de traduction, de reproduction et d'adaptation réservés pour tous pays.

Le code de la propriété intellectuelle n'autorisant, aux termes des articles L. 122-4 et L. 122-5, d'une part, que les « copies ou reproductions strictement réservées à l'usage privé du copiste et non destinées à une utilisation collective », et, d'autre part, que « les analyses et les courtes citations » dans un but d'exemple et d'illustration, « toute représentation ou reproduction intégrale ou partielle, faite sans le consentement de l'auteur ou de ses ayants droit ou ayants cause, est illicite ».
Cette représentation ou reproduction, par quelque procédé que ce soit, sans autorisation de l'éditeur ou du Centre français de l'exploitation du droit de copie (20, rue des Grands-Augustins, 75006 Paris), constituerait donc une contrefaçon sanctionnée par les articles 425 et suivants du Code pénal.

Préface

En quelques années, l'enseignement des sciences expérimentales et de la technologie à l'école primaire s'est profondément transformé. Les programmes de 2002 sont venus confirmer cette évolution. L'aventure lancée il y a quelques années par les protagonistes de *La main à la pâte* est entrée dans sa phase de maturité. Des milliers d'enseignants et de formateurs ont exploré des manières neuves d'amener les élèves du cycle des approfondissements (cycle 3) à une autre relation aux connaissances et, plus profondément encore, à l'exercice rigoureux de la pensée. Il existe aujourd'hui un consensus large qui va des enseignants dans leur classe jusqu'aux plus grands savants de ce pays pour considérer que c'est là une voie sûre et féconde.

La méthode est simple. Elle se développe dans un va-et-vient entre construction et contrôle des connaissances. La démarche commence le plus souvent par un questionnement que l'enseignant a su rendre nécessaire. Un objet, un être vivant, un phénomène, un processus, le fonctionnement d'un objet technique ont été présentés de manière à créer l'étonnement qui s'oppose aux premières évidences. Répondre aux interrogations soulevées, dès lors, devient une aventure intellectuelle. Accompagnés par l'enseignant, les élèves élaborent un dispositif d'observation, d'expérimentation, de construction qui leur permettra de tester la validité de leurs hypothèses. Ils consignent par écrit ce qu'ils mettent en œuvre, ce qu'ils voient, ce qu'ils mesurent… Au terme du cheminement, ils synthétisent les informations rassemblées et, après un débat, ils tentent de conclure et de vérifier dans la documentation qui a été mise à leur disposition la validité des affirmations auxquelles ils sont parvenus.

Ce sont ces différents aspects d'une première initiation à la pensée scientifique qui ont été rassemblés ici par l'une des meilleures équipes de didacticiens qu'il soit possible d'imaginer dans ce domaine. Cela donne aux instruments traditionnels de la méthodologie (livre du maître, cahiers d'observation et d'expérimentation, manuel) une dimension radicalement nouvelle. Ils sont mis au service de la démarche et de sa dynamique.

Toutefois, si faire des sciences, c'est observer et expérimenter, faire des sciences c'est aussi lire et écrire. Aucun scientifique ne le démentira. On propose donc aux enfants de sans cesse ramener leurs notations prises sur le vif aux connaissances qui ont été mises à leur portée dans le précis des *Savoirs de l'école*. Véritable encyclopédie, ce livre est le répondant direct des activités subtiles et passionnantes proposées dans les cahiers et soutenues par tout un appareil scientifique et didactique dans le guide pédagogique. Dans les trois années du cycle 3, les maîtres pourront programmer à leur aise (plusieurs cheminements sont possibles) cet ensemble très complet.

D'une certaine manière, on relie ici les savoirs les plus contemporains à l'esprit de vulgarisation qui avait prévalu lors de la première révolution scientifique, celle du XIXe siècle, et dont la fameuse « leçon de choses » était restée l'emblème. On avait longtemps utilisé ce terme pour l'opposer à l'esprit novateur des années 1970. Brigitte Zana et Jack Guichard ont su admirablement dénouer cette équivoque et jouer avec brio leur partie dans cette aventure collective que sont devenus *Les Savoirs de l'école*.

Jean Hébrard
Directeur de collection

Les droits d'auteur afférents à la direction de collection sont intégralement versés à l'association « Vaincre la Mucoviscidose », 181, rue de Tolbiac, 75013 Paris. La mucoviscidose est une affection génétique grave qui fait souffrir un nombre important de jeunes enfants d'âge scolaire (250 nouveaux cas apparaissent chaque année en France). L'association est un partenaire actif des dispositifs d'accueil des élèves atteints de maladies chroniques graves. On peut la contacter au 01 40 78 91 91.

Sommaire

La matière

• La matière dans tous ses états	6
• Les changements d'état de l'eau	8
• Des mélanges variés	10

Le vivant

• Un mâle et une femelle pour avoir des petits	12
• Le développement des animaux	14
• Du têtard à la grenouille	16
• De la chenille au papillon	18
• Le développement des végétaux	20
• La croissance de l'arbre	22
• De la fleur au fruit	24
• Cloner des plantes	26
• Pas tous de la même espèce	28
• La classification animale	30
• Diversité du monde végétal	32
• Les fossiles racontent l'évolution de la vie	34
• Les premières étapes de la vie sur Terre	36
• L'évolution de l'homme	38

L'environnement

• Qui mange qui ?	40
• La coupe de l'étang	42
• Les cycles de l'eau	44
• La qualité de l'eau	46
• La qualité de l'air	48
• Histoires de poubelles	50

Le corps humain et l'éducation à la santé

• Un squelette en mouvement	52
• Des muscles et des os pour bouger	54
• Les besoins alimentaires	56
• Pour bien digérer	58
• Respirer pour vivre	60
• Le sang et la circulation sanguine	62
• L'appareil digestif et la circulation sanguine – L'appareil circulatoire (transparent)	64
• En cas de danger	66
• La procréation chez les humains	68
• Neuf mois pour venir au monde	70
• La naissance	72

Sommaire

L'énergie

- Différentes sources d'énergie — 74
- Produire de l'électricité — 76
- Consommation et économies d'énergie — 78
- Chauffer avec le soleil — 80
- Limiter les échanges de chaleur — 82

Le ciel et la Terre

- La lumière et les ombres — 84
- Questions de direction ! — 86
- Du sténopé à l'appareil photo numérique — 88
- La Terre est un manège — 90
- La course de la Terre pendant une année — 92
- Notre étoile : le Soleil — 94
- Les représentations du système solaire — 96
- Les planètes du système solaire — 98
- La Lune, satellite de la Terre — 100
- Connaître l'Univers — 102
- Aller dans l'espace — 104
- L'espace, à quoi ça sert ? — 106
- Mesurer une durée — 108
- Repérer l'heure — 110
- Les fuseaux horaires — 112
- Les tremblements de terre — 114
- Les éruptions volcaniques — 116
- Les séismes et les volcans du monde — 118

Un monde construit par l'homme

- Il court, il court le courant — 120
- Les chemins de l'électricité — 122
- Attention danger ! — 124
- Leviers et balances : vers l'équilibre — 126
- À chaque balance son usage — 128
- Objets en mouvement — 130

Les technologies de l'information et de la communication

- L'informatique pour tout ! — 132
- Des satellites pour localiser — 134
- Relayer les communications — 136

Index et glossaire — 138

LA MATIÈRE

La matière dans tous ses états

L'eau dans la nature

Sur cette photo, on découvre l'eau sous différentes formes : la rivière, la neige et les nuages.

La rivière est de l'eau à l'état liquide et la neige est de l'eau à l'état solide. Quant aux nuages, on croit souvent, à tort, que c'est de la vapeur, de l'eau à l'état de gaz. En fait, c'est de l'eau à l'état liquide ou solide, en fonction de la température extérieure.

Un nuage, c'est comme du brouillard : de l'eau sous forme de gouttelettes.

Solide, liquide ou gaz : il s'agit toujours de la même matière : l'eau. Elle est constituée de molécules appelées H_2O qui sont plus ou moins liées les unes aux autres.

Parc naturel de la Vanoise.

Les trois états de la matière

À la maison, il y a des liquides, des solides et des gaz.

Il existe, en dehors de l'eau, d'autres exemples de liquides, solides et gaz. Nous les côtoyons tous les jours.

Autour de nous, certains corps sont à l'état liquide, d'autres à l'état solide et d'autres encore à l'état gazeux.

L'odeur du parfum correspond au gaz que l'on sent.

Les changements d'état de la matière

La **condensation** : un gaz ou de la vapeur se transforme en liquide ou en solide, comme la rosée ou le givre.
La **vaporisation** : un liquide passe à l'état gazeux (gaz ou vapeur), comme le parfum.
La **fusion** : sous l'action de la chaleur, un solide passe à l'état liquide. Lorsque l'on chauffe du chocolat, il fond.
La **solidification** : un liquide passe à l'état solide, comme la crème glacée.
La **sublimation** : un solide se transforme en gaz, sans passer par l'état liquide, comme les blocs désodorisants.

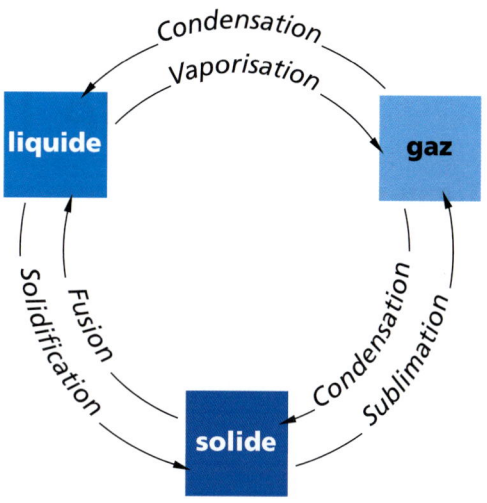

Les températures de changement d'état de quelques corps

Les valeurs indiquées sont mesurées dans des conditions normales de pression atmosphérique (760 mm de mercure ou 1 atmosphère ou 1013 hectopascals).
Lors de la fusion, le solide devient liquide, il se liquéfie. On dit qu'il y a ébullition, lorsque des bulles de vapeur se forment dans un liquide chauffé.

corps	température de fusion	température d'ébullition
eau	0°C	100°C
éther	- 120°C	34,5°C
fer	1535 °C	3000°C
mercure	- 39,8°C	360 °C
aluminium	660 °C	1800°C
naphtaline	80°C	
alcool	- 117,3 °C	78,5 °C

Tous les corps purs que nous connaissons peuvent exister dans les trois états de la matière. Nous ne pouvons pas toujours les voir, car leurs températures d'ébullition, de solidification ou de fusion sont parfois très hautes ou très basses.

LA MATIÈRE

Les changements d'état de l'eau

L'eau se vaporise

L'eau s'évapore.

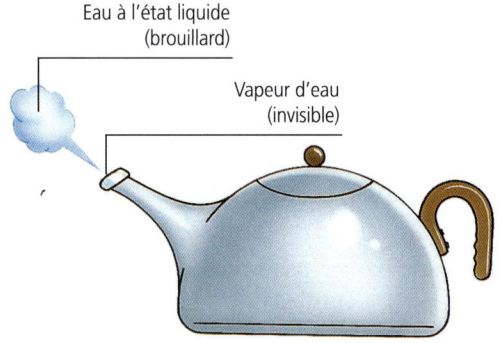

L'eau bout.

L'eau liquide qui mouillait la serviette s'est transformée en vapeur d'eau : c'est l'évaporation. C'est un phénomène lent qui a lieu à n'importe quelle température.

Quand l'eau liquide de la bouilloire est chauffée suffisamment, elle change d'état et se transforme en vapeur d'eau : c'est l'ébullition.

La vapeur d'eau se condense

Les gouttelettes d'eau qui forment la buée ou la rosée sont le résultat du changement d'état de la vapeur d'eau (état gazeux) contenue dans l'air, en eau à l'état liquide.
S'il fait très froid on obtient des petits cristaux de glace (état solide) que l'on appelle le givre.

Du givre sur une vitre.

Les changements d'état de l'eau

La glace fond

Lorsqu'il fait suffisamment chaud, la neige ou la glace fondent. Elles se transforment en eau liquide : c'est la fusion (passage de l'état solide à l'état liquide).

L'eau qui goutte forme des stalactites de glace.

 Lorsqu'il n'y avait pas de réfrigérateur, et encore maintenant dans certains pays, pour « fabriquer » du sorbet, on utilise une sorbetière dans laquelle glace pilée et sel constituent un « mélange réfrigérant ».

L'eau gèle

Lorsque la température extérieure diminue, et qu'il fait suffisamment froid, l'eau liquide se transforme en glace (eau solide).

Un lac gelé.

L'eau peut changer d'état en fonction de la température du milieu dans lequel elle se trouve. Qu'elle soit à l'état solide, liquide ou gazeux, c'est toujours de l'eau.

Des mélanges variés

Les mélanges

1992 : des inondations à Vaison-la-Romaine.

Marée noire en Russie.

L'eau peut emporter avec elle de nombreux détritus (terre, feuilles, branches d'arbre...). L'eau prend alors une couleur marron.

Lors d'une marée noire, des milliers de litres de pétrole se répandent. Une pellicule noire flotte à la surface de l'eau.

Les solutions

L'eau minérale est incolore. Pourtant, d'après l'étiquette, elle contient beaucoup de produits dissous.

Pour laver, on dissout du savon ou de la lessive dans l'eau. L'eau savonneuse ainsi formée entraîne avec elle toutes les saletés et dissout les graisses.

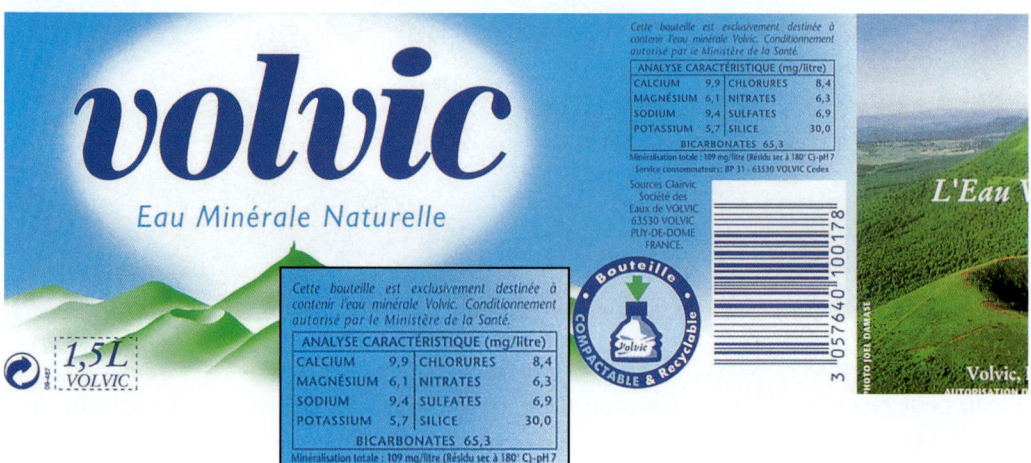

Des mélanges variés

L'eau peut dissoudre des gaz

« L'eau gazeuse » contient un gaz dissous : c'est du gaz carbonique ou dioxyde de carbone. On met ce gaz en évidence en le recueillant dans un ballon.

Les stalactites

En s'infiltrant dans la Terre, l'eau dissout du calcaire. Lorsqu'elle arrive au plafond d'une grotte, elle goutte et des petits cristaux de calcaire se déposent en formant de longues aiguilles fines appelées stalactites.

Stalactites et stalagmites dans la grotte de Thouzon.

Sais-tu que... L'eau de mer est salée. Si on la laisse s'évaporer, le sel dissous dans l'eau peut être récupéré. On obtient alors de l'eau douce. Dans les marais salants, l'eau de mer s'évapore sous l'effet de la chaleur du Soleil. Le paludier récupère le sel, qui est le sel de table pour la cuisine. Dans les pays chauds où l'on manque d'eau potable, on installe parfois des usines de dessalement de l'eau de mer.

L'eau peut se mélanger à d'autres corps en donnant des mélanges ou des solutions. Dans une solution, que l'on appelle aussi un mélange homogène, on ne voit pas les constituants qui semblent avoir disparu.

 **LE VIVANT**

Un mâle et une femelle pou

L'étalon et la jument s'accouplent.

Onze mois plus tard, la jument met au monde un petit poulain.

Dans un élevage, l'homme recueille les œufs d'une truite femelle. Ils seront fécondés par les spermatozoïdes d'une truite mâle.

Un mâle et une femelle pour avoir des petits

Le mâle et la femelle coccinelles s'accouplent.

La femelle coccinelle pond des œufs d'où sortiront bientôt des larves.

Le coq et la poule. Le coq porte une crête rouge sur la tête.

La poule pond des œufs. Si ces œufs ont été fécondés par un coq, ils donnent naissance à des poussins.

LE VIVANT

Le développement des animaux

Les animaux ont des développements différents

À la naissance, certains animaux sont autonomes, d'autres ont besoin de leurs parents.

Les mammifères sont vivipares
Chez les mammifères, les petits se développent et sortent vivants du ventre de leur mère. Les petits sont élevés par leurs parents. La mère les allaite et les protège.

Les autres animaux sont ovipares
Tous les autres animaux pondent des œufs. Ils sont ovipares. La majorité des animaux pondent beaucoup d'œufs et les abandonnent (par exemple, la truite). Des petits sortent alors de leur œuf. Ils sont seuls. Beaucoup sont mangés par d'autres animaux.
Certains animaux ne pondent que quelques œufs. Ces animaux nourrissent et protègent leurs petits après l'éclosion des œufs (par exemple, la mésange).

Un alevin de truite avec sa réserve de nourriture sous le ventre.

Une mésange charbonnière nourrit ses petits.

La métamorphose
Au cours de leur croissance, certains animaux changent complètement d'aspect. Ils passent par le stade de larve (voir page 18). Sur cette photo, ce ne sont pas des vers, mais des larves d'abeilles.

Le développement des animaux

La durée du développement des animaux n'est pas toujours la même

Mammifères	Durée de gestation (1) en jours	Nombre de petits par portée (2)	Nombre de portées par an	Durée de vie en années
hamster	20	4 à 12	2 à 3	1 à 2
cobaye	65	2 à 6	2 à 3	2 à 5
souris	21	4 à 11	4 à 6	1 à 2
lapinc	30	4 à 15	5 à 7	5 à 10
gerbille	21	3 à 6	4 à 7	3 à 5
chatte	60	3 à 6	2	10 à 20
chienne	65	2 à 15	2	15 à 20
jument	335	1 à 2	1	30 à 60
brebis	150	1 à 2	1	10 à 14
chèvre	150	2 à 3	1 à 3	6 à 10
vache	280	1 à 2	1	20 à 25
espèce humaine	270	1 en général	1 naissance	75 à 82

Autres	Durée entre la ponte et l'éclosion en jours	Nombre d'œufs par couvée (3)	Nombre de couvées par an	Durée de vie en années
canard	28	6 à 12	1	20
mésange	14	5 à 10	2	10
épinoche (poisson)	5 à 25	300 à 1000	1	2 à 3
tortue	80 à 90	4 à 12	1	60 à 100
escargot	15 à 22	80 à 100	1	3 à 5
grillon domestique	9 à 10	300 à 500	1	4 mois
homard	300	3000	1	15 à 25
grenouille verte	5 à 7	10 000	1	5 à 6

(1) Durée de gestation : durée pendant laquelle le « petit » se développe dans le ventre de la mère.
(2) Portée : petits qu'une femelle met au monde le même jour.
Pour les humains on dit « nombre d'enfants mis au monde le même jour ».
(3) Couvée : tous les œufs pondus et couvés ensemble.

Selon les espèces, les animaux ont des durées de développement différentes. La durée du développement, c'est la durée de la gestation et la croissance.

La durée du développement chez l'homme :
- durée de gestation : 9 mois ;
- durée de vie moyenne (en Europe) : 82 ans pour la femme et 75 ans pour l'homme.

 Le crabe doit sortir de sa carapace pour grandir : il mue.
Il se gonfle d'eau pour grossir. En quelques heures sa nouvelle carapace durcit ; puis progressivement il fabrique des muscles et de la chair pour remplacer l'eau.

Tous les animaux, et les êtres humains, se développent en passant par une série de phases :
- la naissance,
- la croissance (augmentation de la taille et du poids) qui s'arrête à l'âge adulte avec la possibilité de se reproduire,
- la vieillesse (sénescence),
- la vie s'achève avec la mort.

 **LE VIVANT**

Du têtard à la grenouille

1er mars : les œufs viennent d'être pondus. Ils sont fécondés par le mâle. Taille d'un œuf : environ 0,3 cm.

8 mars : larve de grenouille dans l'œuf. Taille d'une larve : environ 0,2 cm.

15 mars : têtard à branchies externes (taille : 0,5 cm).
Un têtard est une larve à grosse tête sortie de l'œuf.
Menu : algues filamenteuses et plantes aquatiques.
Respiration : par branchies externes.

15 mai : têtard à 2 pattes (taille : 4 cm).
Menu : daphnies, vers de vase... les têtards deviennent carnivores.
Respiration : par branchies internes et par la peau.

Du têtard à la grenouille

15 juin : têtard à 4 pattes (taille : 5 cm).
Menu : daphnies, vers de vase...
Respiration : par branchies internes et par la peau.

1er juillet : jeune grenouille dans l'eau avec reste de queue (taille : 7 cm).
Menu : vers de vase, petites mouches...
Respiration : par la peau et par des poumons.

1er août : jeune grenouille pendant la résorption de la queue (taille : 8 cm).
Menu : la grenouille ne voit que ce qui bouge, aussi elle ne peut se nourrir qu'avec des proies vivantes : vers de terre, vers de farine, vers de vase, larves d'insectes aquatiques, petites mouches, sauterelles, araignées...
Respiration : la grenouille respire de l'air grâce à ses poumons et par sa peau qui doit toujours rester humide.

 **LE VIVANT**

De la chenille au papillon

1er mars : les œufs viennent d'être pondus (taille : 1 mm).

6 mars : les jeunes **chenilles à l'éclosion.**

17 mars : la chenille en cours de croissance mange une feuille (taille : 3 cm).

De la chenille au papillon

1er avril : la nymphe est suspendue à une feuille (taille : environ 3 cm).

15 avril : la sortie du papillon.

**20 avril :
Le paon du jour** à l'âge adulte.

 **LE VIVANT**

Le développement des végétaux

La graine du marronnier

La graine contient des réserves nutritives et un embryon de la future plante appelé plantule.

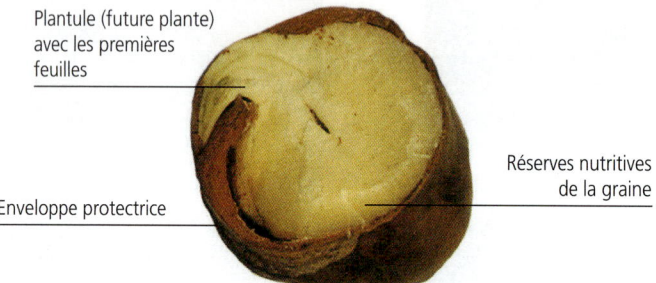

- Plantule (future plante) avec les premières feuilles
- Enveloppe protectrice
- Réserves nutritives de la graine

La germination du marronnier

La germination, c'est le passage de la vie ralentie de la graine à la vie active. Lorsque la graine est placée dans de bonnes conditions d'humidité et de chaleur, elle germe.

Au printemps, la plante commence à pousser en utilisant les réserves de la graine et l'eau du sol.

- Premières feuilles
- Tige
- Racine
- Graine

La racine commence à s'enfoncer dans le sol. La tige grandit. Les premières feuilles se développent.

Le développement des végétaux

Le développement du marronnier

Le marronnier à un an : il mesure 30 cm.

À onze ans, le marronnier mesure 3 m.

À 80 ans, le marronnier mesure 30 m (la hauteur d'un immeuble de 10 étages).

Sais-tu que... Beaucoup de plantes ne vivent que six mois (des plantes « annuelles », comme le radis), d'autres peuvent vivre très longtemps (400 ans pour les chênes). Les arbres les plus âgés sont les séquoias de Californie, ils ont 4000 ans.

Une graine placée dans des conditions favorables (température, humidité) germe en utilisant ses réserves nutritives. Elle donne une plante qui grandit, fleurit, entre en vie ralentie ou meurt en hiver. Pour grandir, la plante utilise la lumière du soleil, le dioxyde de carbone de l'air (gaz carbonique), de l'eau et des substances minérales absorbées dans le sol.

LE VIVANT

La croissance de l'arbre

Les cernes de croissance

Sur un tronc d'arbre scié, on observe des anneaux concentriques. Au printemps et en été, l'arbre fabrique sous son écorce de nouveaux vaisseaux de bois conducteurs de sève ; ils forment des cernes. Chaque cerne correspond à un an. Les arbres ont une croissance discontinue et saisonnière qui se poursuit toute leur vie.

Coupe d'un tronc de pin

- Écorce
- Cernes de croissance annuelle
- Vaisseaux du bois de printemps (clair)
- Vaisseaux du bois d'été (sombre)
- Bois ancien (cœur)
- Bois récent (aubier)

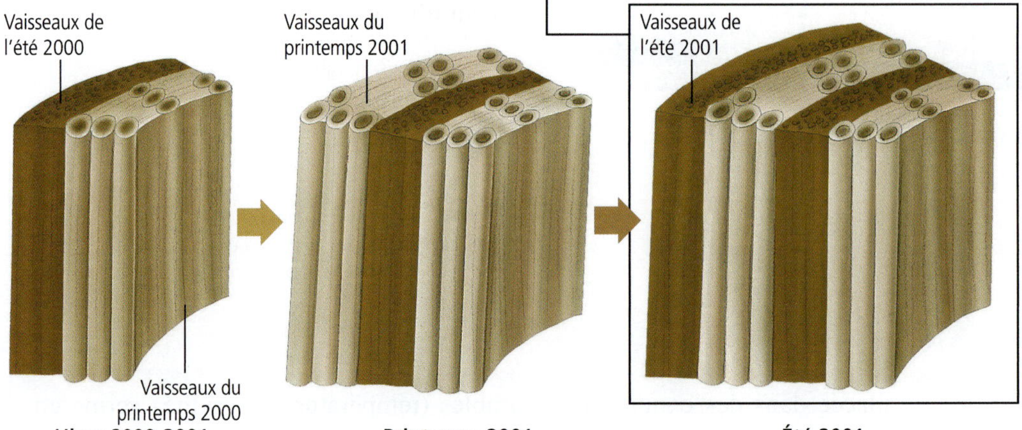

Vaisseaux de l'été 2000 — Vaisseaux du printemps 2000
Hiver 2000-2001

Vaisseaux du printemps 2001
Printemps 2001

Vaisseaux de l'été 2001
Été 2001

On connaît le climat des USA d'il y a 5000 ans en étudiant les cernes de croissance des séquoias géants encore vivants. Pour les périodes chaudes et humides, les cernes sont larges ; pour les années sèches, les cernes sont très fins.

La croissance de l'arbre

L'éclosion d'un bourgeon de marronnier au printemps

Au printemps, la température se réchauffe. Sur les arbres, les bourgeons s'ouvrent. Il en sort une tige qui porte des feuilles et de nouveaux bourgeons.

Un bourgeon en hiver.

Le bourgeon s'ouvre.

Un jour plus tard…

Feuille

Tige

Écailles

Trois jours plus tard…

Un jeune rameau avec des feuilles.

Les tiges poussent en longueur. Jusqu'à la fin de l'été, l'arbre grandit. En automne, beaucoup d'arbres perdent leurs feuilles lorsque la durée des jours diminue et qu'il commence à faire froid. Ils entrent en vie ralentie. Au printemps et en été, il fait plus chaud, les arbres ont à nouveau des feuilles.

De la fleur au fruit

La structure de la fleur

La fleur est l'organe reproducteur de la plante. Les sépales qui l'entourent la protègent quand elle est en bouton.
Les pétales colorés attirent les insectes.
Les étamines sont l'appareil reproducteur mâle ; elles contiennent des grains de pollen jaunes.
Le pistil est l'appareil reproducteur femelle ; il renferme des ovules.

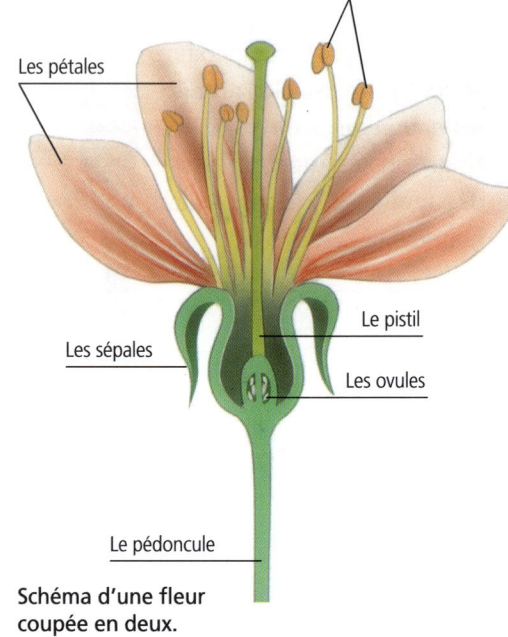

Schéma d'une fleur coupée en deux.

La pollinisation

Chaque étamine libère des grains de pollen. Le vent ou les insectes transportent les grains de pollen sur une autre fleur qui peut être fécondée.

Au printemps ou en été, une abeille butine une fleur. Lorsqu'elle enfonce sa tête pour boire le nectar, elle se couvre de pollen.

Une abeille sur une fleur de saule.

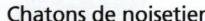

Chatons de noisetier

Au mois de février, on distingue les fleurs mâles (les chatons) des petites fleurs femelles (de couleur rouge) sur les noisetiers.
Le vent transporte le pollen des fleurs mâles vers les fleurs femelles.

De la fleur au fruit

Un exemple de développement : de la fleur du pois au petit pois

1er avril : la fleur du pois. Taille : 1 cm

15 avril. Taille : 2 cm

20 avril. Taille : 3 cm

10 mai. Taille : 4 cm
22 mai. Taille : 6 cm
5 juin : le fruit, le petit pois. Taille : 8 cm

Sais-tu que... On peut polliniser soi-même des roses pour obtenir de nouvelles variétés. On prélève, avec un petit pinceau, du pollen sur une rose et on le dépose sur le pistil d'une autre rose encore en bouton. Mais il faut des milliers d'essais avant d'obtenir la plus belle fleur !

Une fleur est fécondée si un grain de pollen (élément mâle) pénètre dans le pistil et rencontre un ovule (élément femelle). Alors, la fleur se transforme en fruit. Le pistil grossit. À l'intérieur de celui-ci, l'ovule fécondé se transforme en graine. Cette graine pourra donner à son tour une nouvelle plante.

Cloner des plantes

Un clonage naturel

Tous les végétaux ne se reproduisent pas de la même manière. La plupart proviennent d'une graine formée par reproduction sexuée de la fleur. Mais certaines plantes peuvent aussi se multiplier sans graine. Elles se développent à partir d'un fragment de végétal (bouture, marcotte, bulbe, tubercule...) : c'est un clonage naturel. Il correspond à une reproduction asexuée. Contrairement à une plante issue d'une graine, la plante obtenue est la copie conforme de son unique parent.

Cloner des bulbes à fleurs

Chaque année, le bulbe que l'on plante développe des racines, des feuilles et des fleurs. Il se vide de ses réserves pour développer la jacinthe. Après la floraison, si on le maintient dans de bonnes conditions, il peut reproduire un nouveau bulbe, que l'on peut replanter l'année suivante.

Le bulbe de jacinthe en fleur : les racines, les feuilles et la fleur se sont développés à partir des réserves de nourriture contenues dans le bulbe.

Cloner des tubercules

La pomme de terre plantée au printemps a donné beaucoup de tubercules de pommes de terre. Ils ont grossi grâce à la nourriture produite par la plante.
S'il n'est pas mangé, chacun peut donner un nouveau pied de pomme de terre identique au printemps prochain si on le plante dans la terre.

Plant de pomme de terre : on distingue, au milieu des pommes de terre nouvelles, le tubercule qui a donné naissance à l'ensemble.

Cloner par stolon

Le pied de fraisier planté au printemps est, à la fin de l'été, entouré de nombreux petits fraisiers dont certains sont encore reliés au pied-mère par un stolon. Ils poussent à partir de ce stolon, qui se dessèche ensuite et disparaît. Les nouveaux fraisiers sont alors complètement indépendants. Ce principe de multiplication s'appelle le marcottage.

Des plantes en tube : le clonage artificiel

Beaucoup d'arbres et de fleurs du fleuriste proviennent de « bébé-plantes » cultivées en tubes à essai dans des laboratoires.

Le « bébé-arbre » contenu dans ce tube à essai provient de quelques cellules prélevées à l'extrémité de la tige d'un pin maritime. Dans quelques années, il deviendra un arbre de 15 mètres de haut.

 Tu peux cloner toi-même des plantes en faisant des boutures. Pour faire une bouture de géranium, on casse une tige d'une dizaine de centimètres. On enfonce la partie coupée dans la terre. Elle produit des racines, puis se développe en donnant un nouveau géranium.

De nombreuses plantes peuvent se reproduire par reproduction asexuée. Certaines se multiplient naturellement par marcottage, bulbes ou tubercules. Les jardiniers multiplient ainsi des plantes depuis des siècles : boutures de géranium, marcottage de noisetiers, culture de pommes de terre…

 **LE VIVANT**

Pas tous de la même espèce

Des individus semblables mais tous différents

Deux individus d'une même espèce ne sont jamais exactement identiques.

À l'intérieur d'une même espèce, les points communs sont beaucoup plus importants que les différences.

Les escargots des haies sont tous différents, pourtant ils sont de la même espèce. Ils font des petits ensemble. Et ces petits peuvent aussi se reproduire.

Sais-tu que... Les grives mangent les escargots des haies. Dans les champs, elles ne voient pas les escargots à bandes sombres qui se confondent avec les herbes et mangent surtout les escargots de couleur claire. Les escargots à bandes sombres sont alors plus nombreux. C'est l'inverse sur les murs de pierre où les escargots jaunes sont moins visibles. Selon le milieu où ils vivent, on observe ainsi une répartition différente des escargots des haies.

Une colonie de petits escargots des haies.

Des animaux de la même espèce ne se ressemblent pas toujours

Phasme dilaté femelle.

Phasme dilaté mâle.

Le mâle et la femelle ne se ressemblent pas toujours. Le phasme dilaté mâle et le phasme dilaté femelle sont de la même espèce.

Des animaux peuvent se ressembler sans être de la même espèce

Le pouillot véloce et le pouillot fitis se ressemblent. Mais ils ont des chants différents. Ils ne peuvent pas avoir de petits ensemble : ils sont de deux espèces différentes.

Le pouillot véloce.

Le pouillot fitis.

La chouette et le hibou sont des espèces différentes. Ils ne peuvent pas avoir de petits ensemble.

Une chouette.

Un hibou.

Deux êtres vivants appartiennent à la même espèce s'ils peuvent avoir des petits ensemble, s'ils peuvent procréer. Les humains font tous partie d'une même espèce.

La classification animale

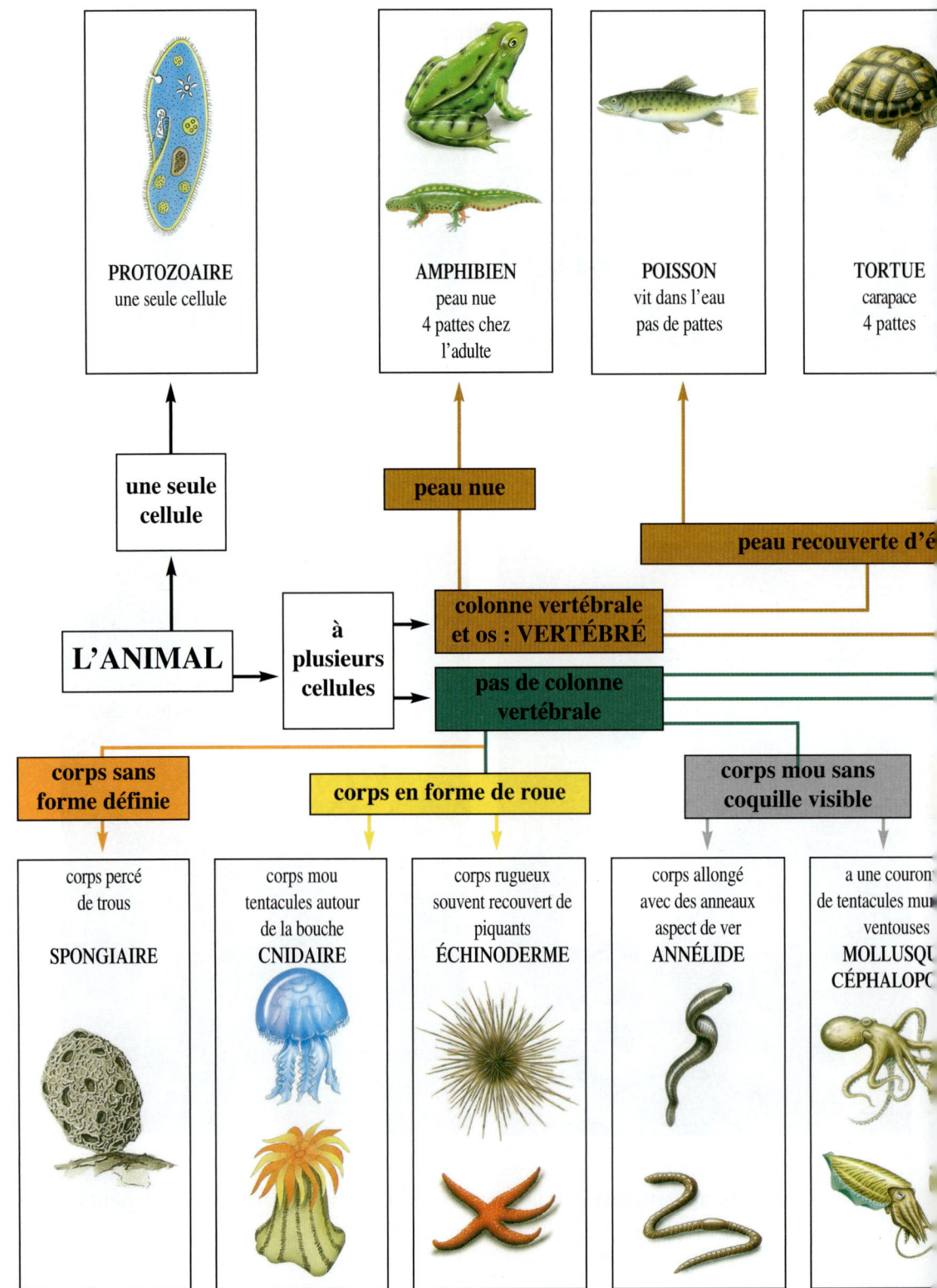

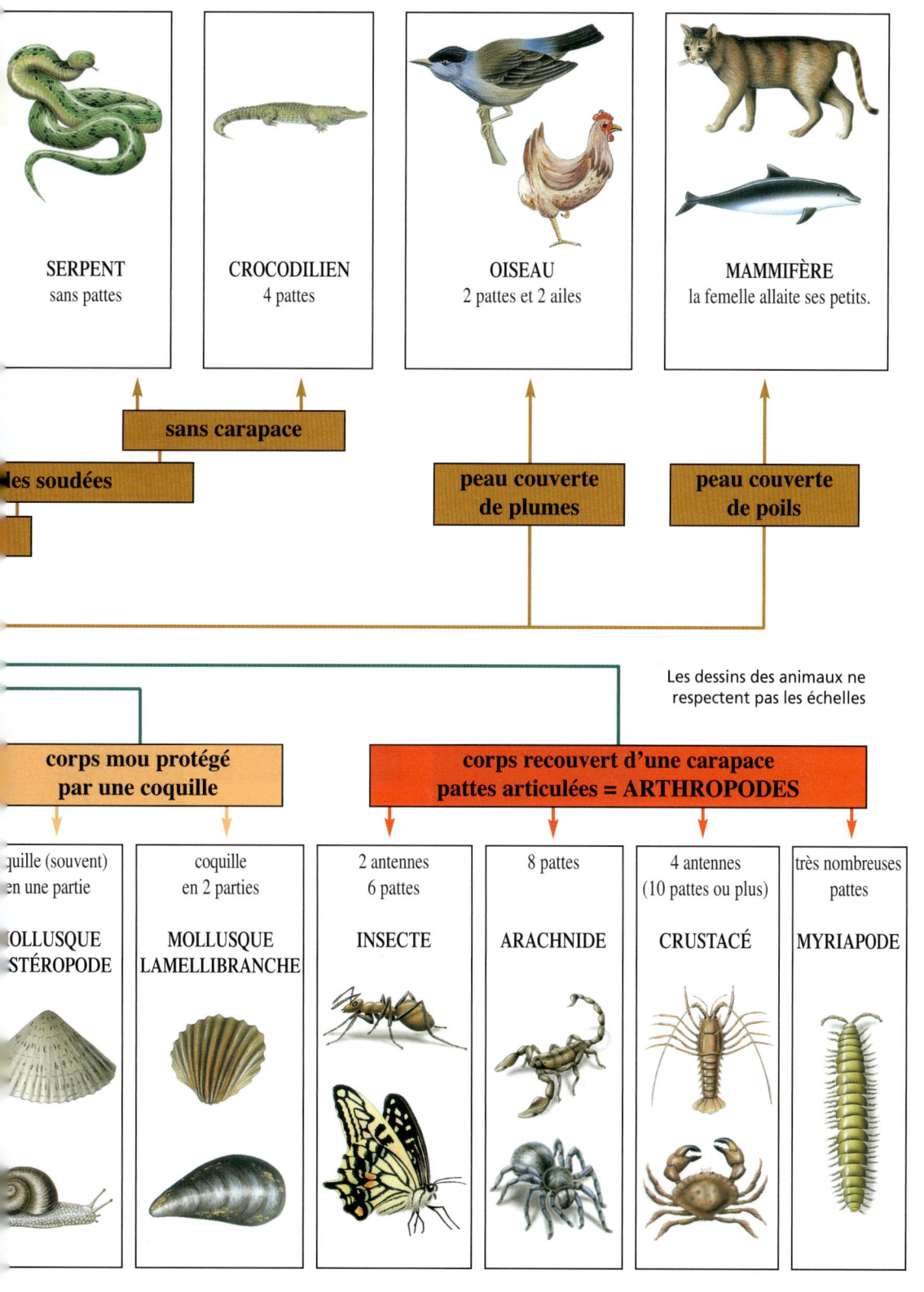

 **LE VIVANT**

La diversité du monde végétal

Pour savoir à quel groupe appartient une « plante » que tu observes, suis les flèches.

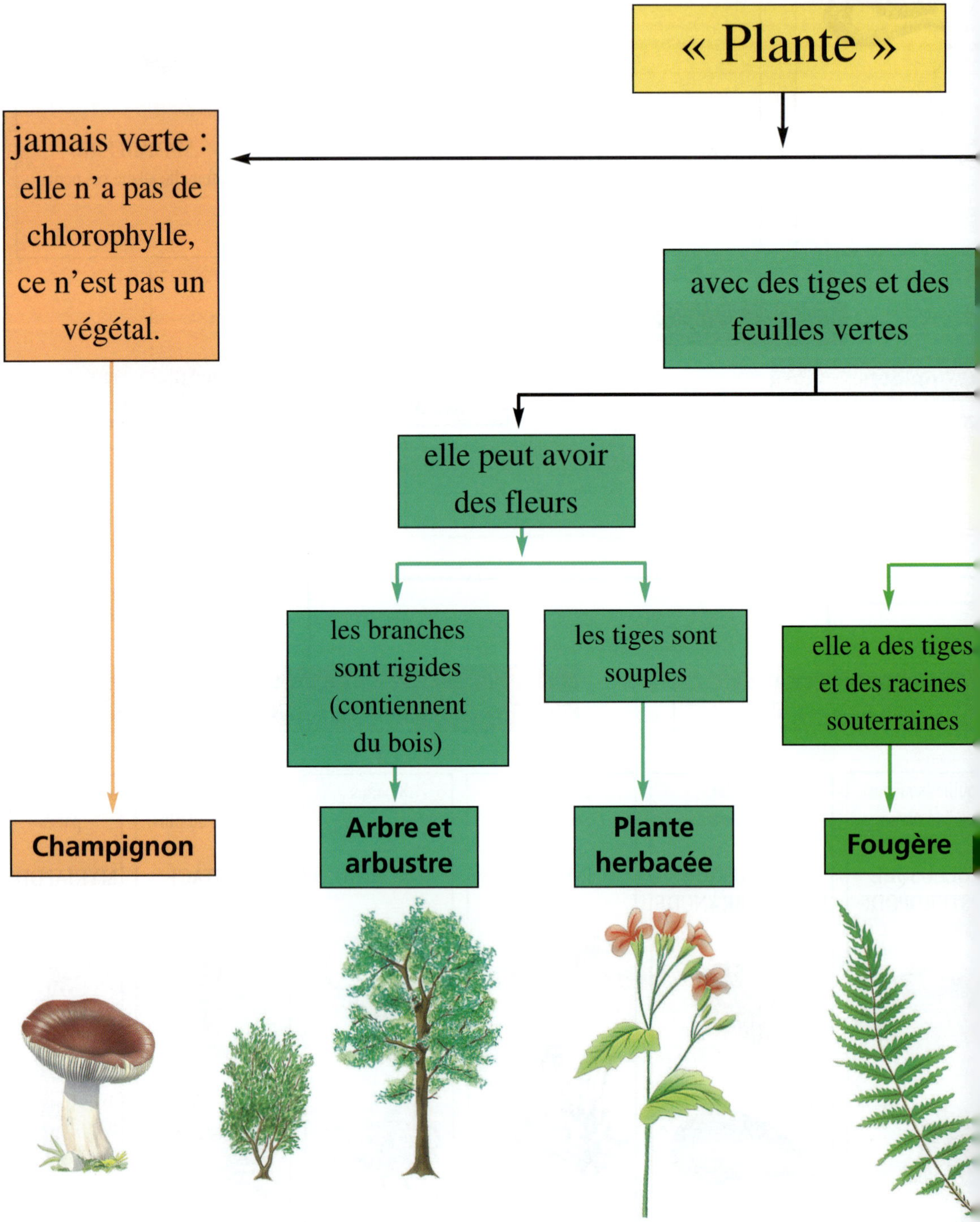

« Plante »

jamais verte : elle n'a pas de chlorophylle, ce n'est pas un végétal.

avec des tiges et des feuilles vertes

elle peut avoir des fleurs

les branches sont rigides (contiennent du bois)

les tiges sont souples

elle a des tiges et des racines souterraines

Champignon

Arbre et arbuste

Plante herbacée

Fougère

32

La diversité du monde végétal

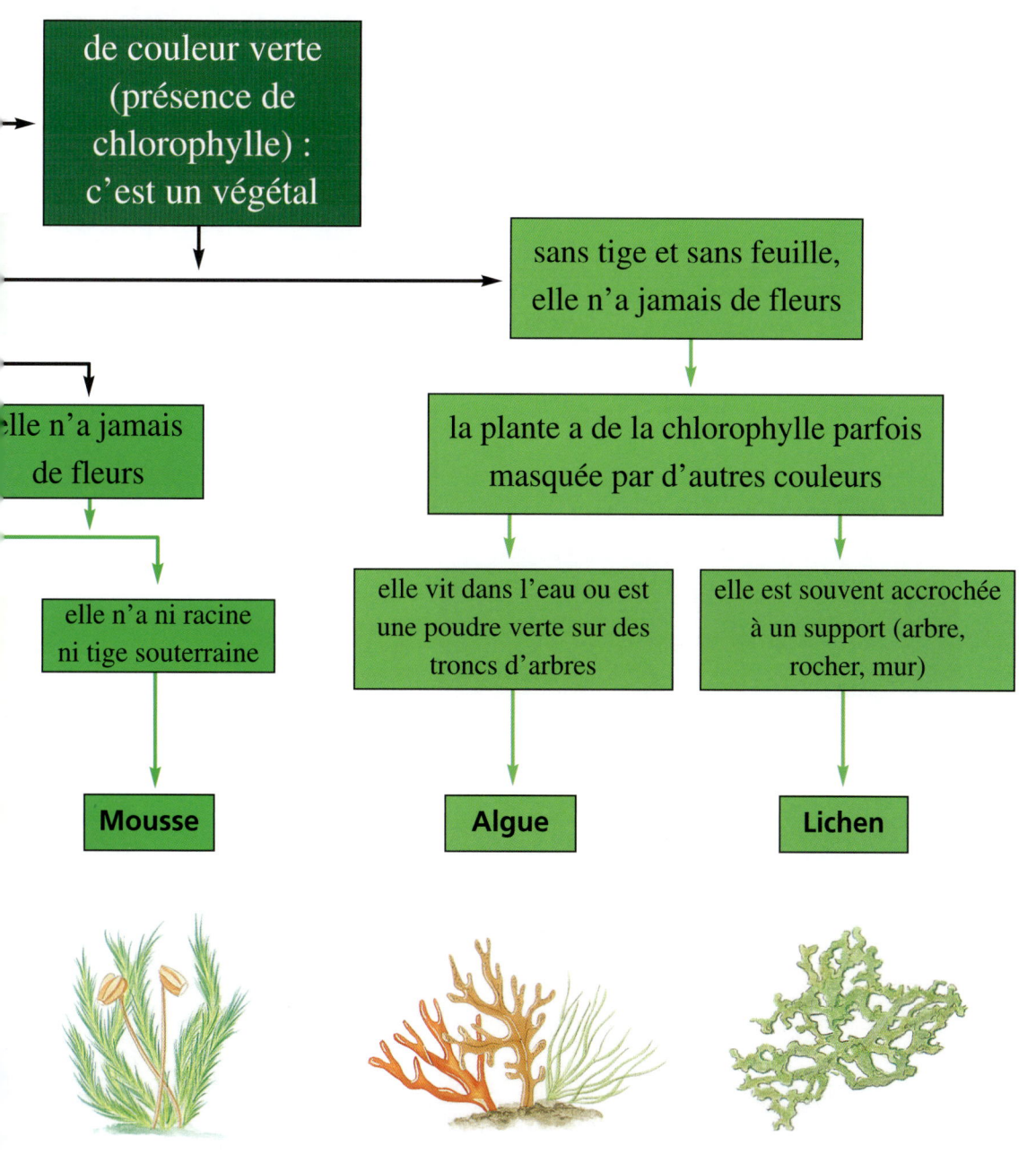

LE VIVANT

Les fossiles racontent l'évolution de la vie

Les végétaux et les animaux qui vivent aujourd'hui n'ont pas toujours existé. D'autres espèces vivaient avant eux et ont disparu. On les connaît par leurs restes ou des traces conservés dans une roche : ce sont les fossiles.

Des fossiles de plantes...

Cette fougère géante vivait il y a 300 millions d'années. Taille réelle : environ 120 cm.

...et des fossiles d'animaux

L'archéoptéryx vivait il y a 150 millions d'années. Il présente à la fois des caractères de reptile et d'oiseau.

Reconstitution d'un archéoptéryx.

Les fossiles racontent l'évolution de la vie

Sur la piste des dinosaures

Les dinosaures ont laissé différentes traces fossiles (squelette, œufs, empreintes de pas). On peut reconstituer la vie des dinosaures en comparant ces traces avec celles d'animaux actuels.

Crâne de tyrannosaure datant de 65 millions d'années.
Taille réelle du crâne : 1 m 30.
La forme de ses dents montre qu'il était carnivore.

Empreintes de dinosaure datant de 120 millions d'années.
La taille réelle d'une empreinte est de 60 cm.

Sais-tu que... L'histoire de la vie a débuté dans l'eau il y a près de quatre milliards d'années avec des formes de vie très simples comme des bactéries. Les formes de vie plus complexes comme les méduses sont apparues il y a seulement 670 millions d'années et les vertébrés il y a 500 millions d'années. Des animaux ont vécu hors de l'eau il y a 360 millions d'années. Les premiers hommes sont apparus il y a 3 millions d'années seulement.

Œufs de dinosaure dans leur nid datant de 115 millions d'années.
Taille réelle d'un œuf : 30 cm.
La position des œufs indique clairement qu'ils étaient couvés.

Les fossiles permettent de reconstituer les grandes étapes de l'histoire de la Terre, de découvrir l'apparition et la disparition de certaines espèces animales et végétales. On sait ainsi que les êtres vivants actuels ont des ancêtres communs qui ont évolué et se sont diversifiés.

Les premières étapes de la vie sur Terre

Il y a 4 600 millions d'années : formation de la Terre

Il y a 3 800 millions d'années : les premiers moments de la vie

Bactéries

Il y a 590 millions d'années : une mer sans poisson

Éponge

Il y a 300 millions d'années : la conquête des continents

- Libellule géante
- Calamités
- Éosuchien (reptile)
- Fougères géantes

Il y a 150 millions d'années : le règne des dinosaures

- Ramphorhyneus
- Archéoptéryx
- Diplodocus
- Champignons
- Petits mammifères
- Scarabée

Il y a 25 millions d'années : des mammifères dans tous les milieux

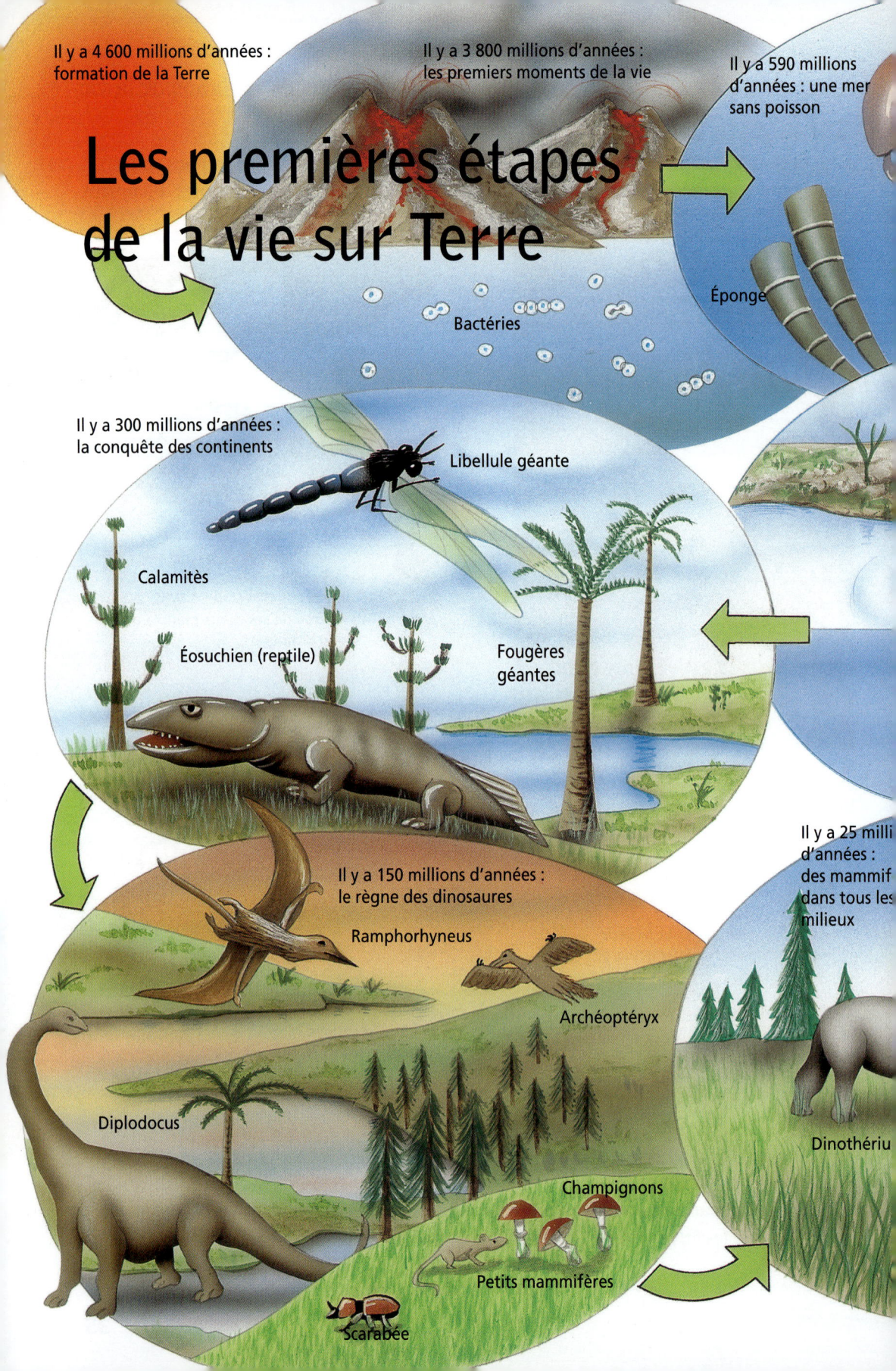

Dinothérium

Méduse

Algues

Trilobite

Il y a 400 millions d'années : des poissons à la conquête des océans

Poisson cuirassé

Lys des mers

Prêles

Ichthyostéga

Scorpions des mers (Euryptérus)

Il y a 360 millions d'années : des amphibiens sortent de l'eau

Il y a 3 millions d'années : le temps des hommes

Australopithèque

Mésohippus

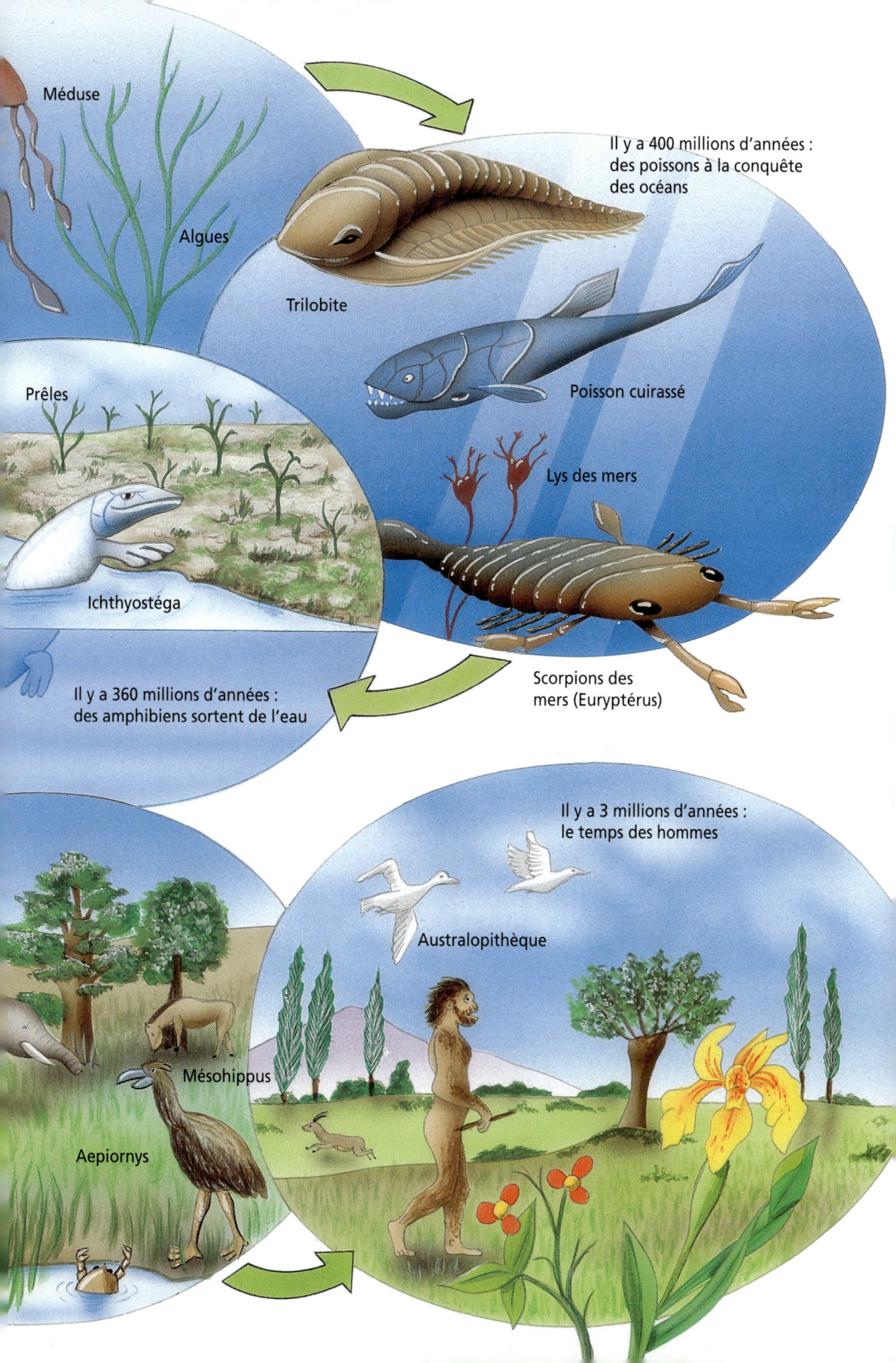

Aepiornys

LE VIVANT

L'évolution de l'homme

Des hommes préhistoriques

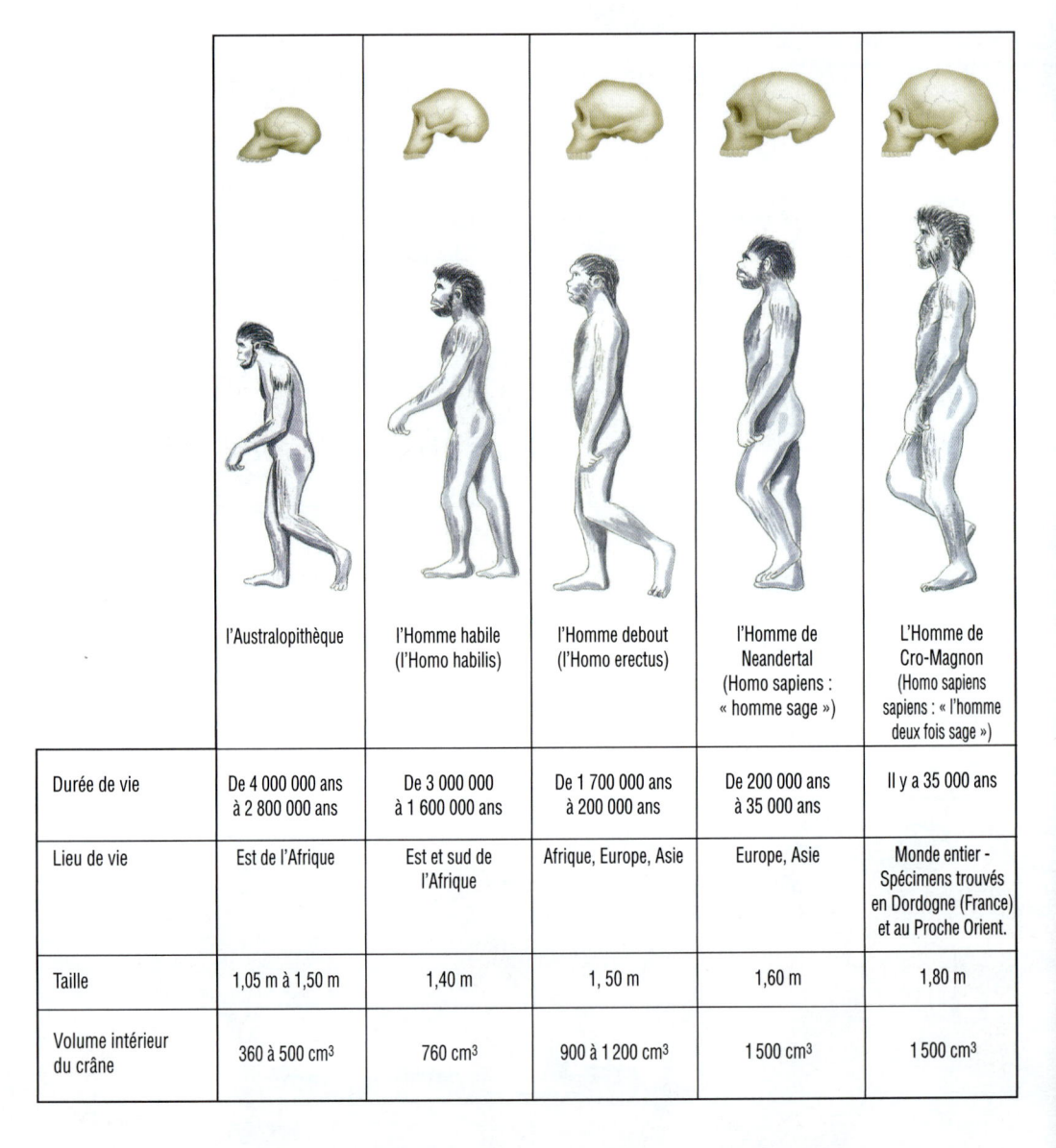

	l'Australopithèque	l'Homme habile (l'Homo habilis)	l'Homme debout (l'Homo erectus)	l'Homme de Neandertal (Homo sapiens : « homme sage »)	L'Homme de Cro-Magnon (Homo sapiens sapiens : « l'homme deux fois sage »)
Durée de vie	De 4 000 000 ans à 2 800 000 ans	De 3 000 000 à 1 600 000 ans	De 1 700 000 ans à 200 000 ans	De 200 000 ans à 35 000 ans	Il y a 35 000 ans
Lieu de vie	Est de l'Afrique	Est et sud de l'Afrique	Afrique, Europe, Asie	Europe, Asie	Monde entier - Spécimens trouvés en Dordogne (France) et au Proche Orient.
Taille	1,05 m à 1,50 m	1,40 m	1,50 m	1,60 m	1,80 m
Volume intérieur du crâne	360 à 500 cm^3	760 cm^3	900 à 1 200 cm^3	1 500 cm^3	1 500 cm^3

L'homme moderne (Homo sapiens sapiens) est le résultat d'une longue évolution qui a commencé avec les Australopithèques. Mais tous ne sont pas nos ancêtres directs.
On essaie de reconstituer leur mode de vie à partir des traces que l'on trouve : dents, outils, traces de feu et peintures (pour nos ancêtres les plus récents).

L'évolution de l'homme

Des inventions des hommes préhistoriques

800 000 ans : l'homme maîtrise le feu.

2 800 000 ans : galet de silex cassé volontairement pour être utilisé comme outil.

1 500 000 ans : biface en silex très tranchant.

35 000 ans : hache de pierre polie.

30 000 ans : les hommes ont inventé l'art. Peintures sur les parois d'une grotte.

Sais-tu que... Le plus ancien Homme connu est une femme que l'on a appelée Lucy. Elle a été découverte à l'est de l'Afrique et date de 3 millions d'années. Elle n'était pas très grande (environ 1,05 m). Mais on a la certitude qu'elle se déplaçait debout.

Comme ces hommes marchaient debout, leurs mains étaient libres pour agir avec efficacité. Grâce à leur cerveau de plus en plus développé, ils ont pu inventer et fabriquer des outils, maîtriser le feu, produire des œuvres artistiques, parler, penser au passé et à l'avenir.

L'ENVIRONNEMENT

Qui mange qui ?

Mange, tu ne sais pas qui te mangera !

Les êtres vivants d'un même milieu dépendent les uns des autres, en particulier pour se nourrir.

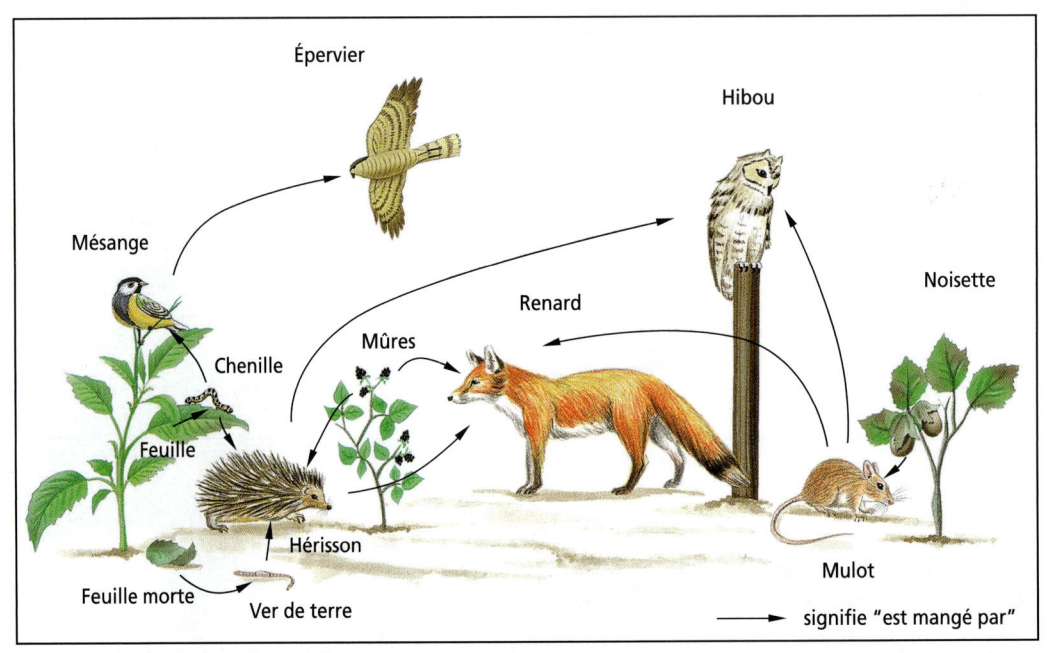

Un exemple de chaîne alimentaire.

Un écosystème est un lieu de vie peuplé d'animaux et de végétaux qui dépendent les uns des autres. Chaque animal et chaque plante trouve dans son milieu les conditions nécessaires à sa vie.

Les animaux sont en compétition dans leur lieu de vie pour la nourriture, l'occupation de l'espace et la reproduction.

Sais-tu que...
Les plantes et les animaux morts se décomposent sous l'action des bactéries et des champignons du sol.
Les vers de terre se nourrissent de ces débris de plantes et d'animaux en décomposition. On trouve jusqu'à 5 tonnes de vers de terre par hectare.

Qui mange qui ?

Une chenille mange une feuille.

Une mésange charbonnière mange une chenille.

Un faucon crécerelle mange un petit oiseau.

Les végétaux verts sont le premier maillon des chaînes alimentaires. Ce sont des producteurs : ils fabriquent de la matière qui sert de nourriture à des animaux (les consommateurs). Ces animaux sont mangés par d'autres animaux. Mais dans un milieu, il y a en général un équilibre entre le nombre des producteurs et le nombre des consommateurs.

La coupe de l'étang

- Roseaux
- Héron
- Saule
- Libellule
- Nénuphar
- Grenouille
- Lentilles d'eau
- Épinoche
- Œufs de grenouille
- Têtards
- Nèpe
- Limnée
- Brochet
- Vers de vase
- Débris végétaux
- Gammare

Rapace

Massettes

Moustique

Canard

Planorbe

Myriophylle

Carpe

Triton

Larve de libellule

Moules d'eau douce

→ signifie « est mangé par »

Les cycles de l'eau

- Ruissellement et infiltration
- Précipitations sous forme de neige ou sous forme de pluie
- Source
- Usine de traitement
- Pompage
- Distribution
- Pompage dans une nappe
- Plaque d'égout
- Château d'eau (réservoir)

Condensation de l'eau solide ou liquide sous forme de nuages

Évaporation de l'eau des océans

Station d'épuration des eaux usées

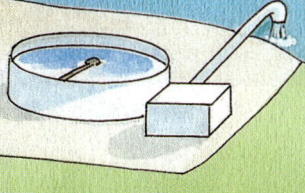

L'ENVIRONNEMENT

La qualité de l'eau

Une pollution de l'eau

Les poissons morts à la surface de l'eau sont le signe que la rivière est polluée. Deux raisons peuvent avoir causé la mort des poissons.

L'intoxication : les poissons peuvent être intoxiqués par des produits polluants (généralement des produits chimiques).

Le manque d'oxygène : les bactéries se nourrissent des déchets, éliminent la pollution et consomment de l'oxygène. Lorsque ces bactéries consomment trop d'oxygène, parce qu'il y a trop de déchets, alors il n'y a plus assez d'oxygène pour les poissons.

Poissons morts dans la Seine.

Il faut purifier l'eau pour la rendre potable

Avant d'être utilisée, l'eau doit être traitée afin de répondre aux critères imposés par la loi.

Voici deux moyens pour traiter les eaux usées :
- une usine de traitement d'eau potable ;
- les membranes filtrantes.

Il s'agit d'un nouveau procédé qui permet, sans produits chimiques, de purifier l'eau. Les membranes filtrantes sont des parois minces percées de micropores. Plus les pores ont un petit diamètre et plus la filtration est bonne. Ces membranes sont classées en fonction de la taille des pores. Cela va de la microfiltration (pores d'un micron, c'est-à-dire d'un millionième de mètre), à la nanofiltration (pore d'un nanomètre, c'est-à-dire d'un milliardième de mètre).

Ces pores éliminent même les virus ! C'est un procédé d'avenir.

Usine de traitement de l'eau.

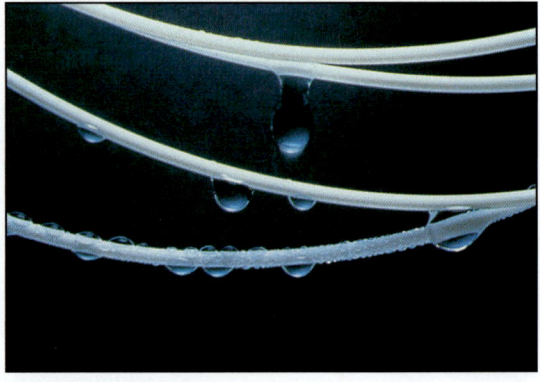

Membranes filtrantes.

La qualité de l'eau

Il faut épurer les eaux usées avant de les rejeter dans la nature

Avant d'être rejetée dans la nature, l'eau doit subir un certain nombre de traitements afin d'être nettoyée. Il y a des normes internationales à respecter.

C'est un des moyens pour préserver notre planète. C'est aussi un moyen pour préserver la qualité de la ressource en eau.

Centre d'épuration d'Achères (Sartrouville, Yvelines).

Sais-tu que... Autrefois, lorsque nous étions moins nombreux sur Terre et surtout quand il y avait moins d'industries, on n'avait pas besoin d'épurer l'eau. Les bactéries présentes dans les cours d'eau éliminaient la pollution : c'est ce que l'on appelle l'auto-épuration. Elle était suffisante pour éliminer la pollution des eaux.

Une eau claire et limpide n'est pas toujours une eau potable. Toute eau prélevée doit être traitée afin de répondre à la loi et préserver notre santé. Toute eau utilisée doit être épurée avant d'être rejetée dans la nature.

L'ENVIRONNEMENT

La qualité de l'air

L'atmosphère de la Terre

De l'espace, les astronautes voient très nettement l'atmosphère qui entoure la Terre. La Terre est entourée d'une atmosphère qui comporte plusieurs couches.

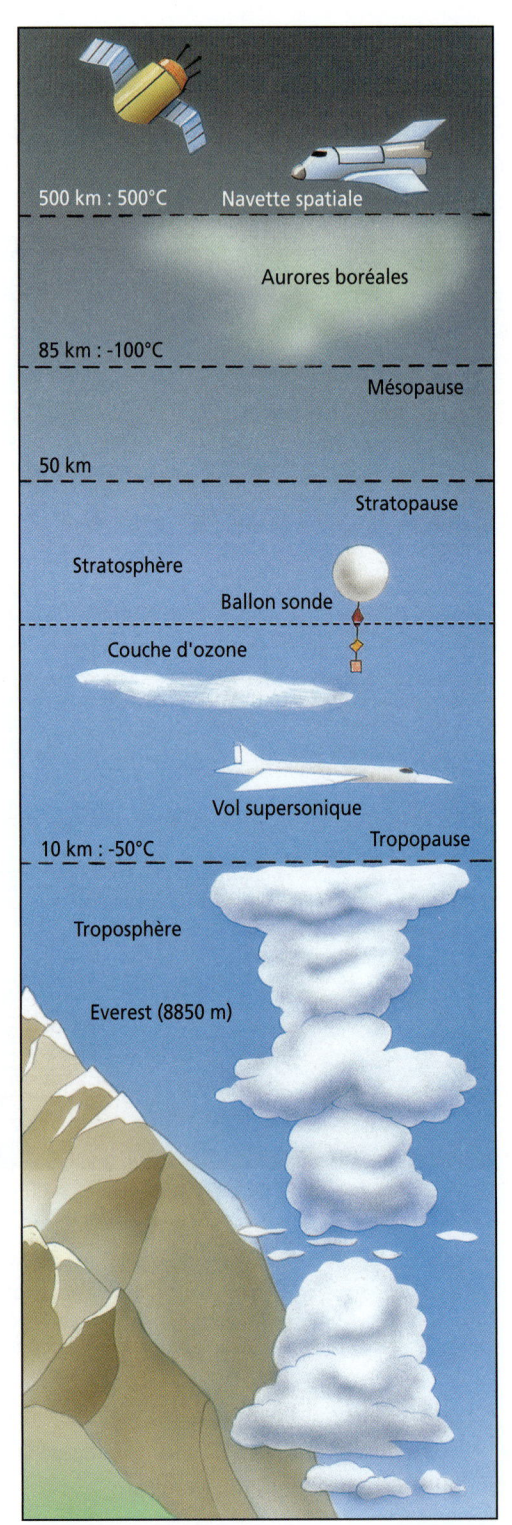

500 km : 500°C — Navette spatiale

Aurores boréales

85 km : -100°C

Mésopause

50 km

Stratopause

Stratosphère

Ballon sonde

Couche d'ozone

Vol supersonique

10 km : -50°C — Tropopause

Troposphère

Everest (8850 m)

La qualité de l'air

Quelques causes de la pollution de l'air...

Il faut faire très attention à ce que l'on rejette dans l'atmosphère. Les grandes villes sont très polluées. Certains jours, on voit très bien le nuage de pollution au-dessus des très grandes villes (Strasbourg, Lyon, Paris). Les automobiles rejettent des gaz toxiques.

...et quelques effets

Les pollutions de l'air provoquent des pluies acides qui détériorent les forêts et les bâtiments. Les scientifiques étudient l'épaisseur de la couche d'ozone qui protège la Terre des rayons nocifs du soleil. On dit qu'il y a un trou dans cette couche protectrice.

Sais-tu que... L'air contient de l'oxygène et une couche d'ozone s'est formée à la périphérie de l'atmosphère. Cela a permis à la vie de se développer sur la Terre. La couche d'ozone filtre les rayons ultra-violets. Elle protège la Terre de brûlures irréversibles. Ce signe sur les bombes aérosols montre que le gaz employé préserve la couche d'ozone.

PRÉSERVE LA COUCHE D'OZONE

Quelques mesures pour lutter contre la pollution

Depuis peu, le gouvernement prend des mesures pour limiter la pollution automobile. Par exemple, il décide de limiter la vitesse des voitures en cas de pollution.

Les industriels inventent des nouveaux carburants moins polluants que le pétrole : ici un bus dont le carburant est à base de Colza.

La transparence de l'air ne veut pas dire qu'il est n'est pas toxique.
Il y a des précautions à prendre pour éviter la pollution de l'air : au niveau individuel comme au niveau collectif.

49

L'ENVIRONNEMENT

Histoires de poubelles

Nos déchets : un vrai problème

Les déchets ménagers représentent un vrai problème pour notre société. Pendant des siècles, et encore aujourd'hui, les déchets ont été souvent mis en décharge. Quel cadeau empoisonné pour l'environnement !

Décharge à Marseille.

La collecte sélective

Dans les villes, la collecte des déchets ménagers s'effectue généralement deux à trois fois par semaine, ou parfois même plus souvent. Depuis 1992, on demande aux habitants de faire un tri de leurs déchets et de séparer les matériaux recyclables (papiers, cartons, plastiques, verre, métal) des autres déchets.

Un centre de tri.

Une fois collectés, les produits recyclables sont transportés jusqu'à un centre de tri où ils sont triés plus finement, par catégorie de matériaux. Chacun suit ensuite un traitement approprié. On appelle cela une filière.

Stockage du papier pour le recyclage.

La valorisation

Lorsque l'on traite des déchets ménagers, on dit qu'on les valorise. Il existe plusieurs façons de mener à bien cette valorisation.

- **Le recyclage :** c'est la transformation d'un matériau qui existe déjà en une nouvelle matière première, qui servira à fabriquer de nouveaux produits. Par exemple, avec des bouteilles en plastique issues de la collecte sélective, on peut fabriquer de la laine polaire. C'est une véritable seconde vie !

Vêtements en laine polaire fabriqués à partir de bouteilles en plastique transparent.

- **La valorisation énergétique :** dans certains cas, les déchets ménagers sont brûlés dans des incinérateurs. La chaleur qu'ils dégagent est transformée en électricité ou diffusée dans des réseaux de chauffage urbain.
- **Le compostage :** les déchets organiques contenus dans nos poubelles (les restes de repas, les végétaux) sont transformés en compost, une véritable nourriture pour les sols et les plantes.

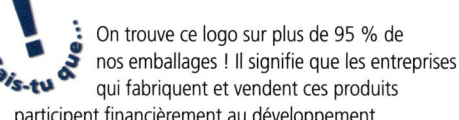

Sais-tu que... On trouve ce logo sur plus de 95 % de nos emballages ! Il signifie que les entreprises qui fabriquent et vendent ces produits participent financièrement au développement de la collecte sélective dans nos communes, grâce au dispositif Éco-Emballages.

ECO-EMBALLAGES®

La loi sur les déchets de 1992 interdit, depuis 2002, les décharges de déchets non valorisés. Pour atteindre et respecter cette obligation, les villes mettent en place des collectes sélectives et assurent la valorisation des déchets.

LE CORPS HUMAIN ET L'ÉDUCATION À LA SANTÉ

Un squelette en mouvement

Le squelette humain

Le squelette est la charpente qui soutient notre corps. Il peut se mouvoir grâce aux articulations entre les os.

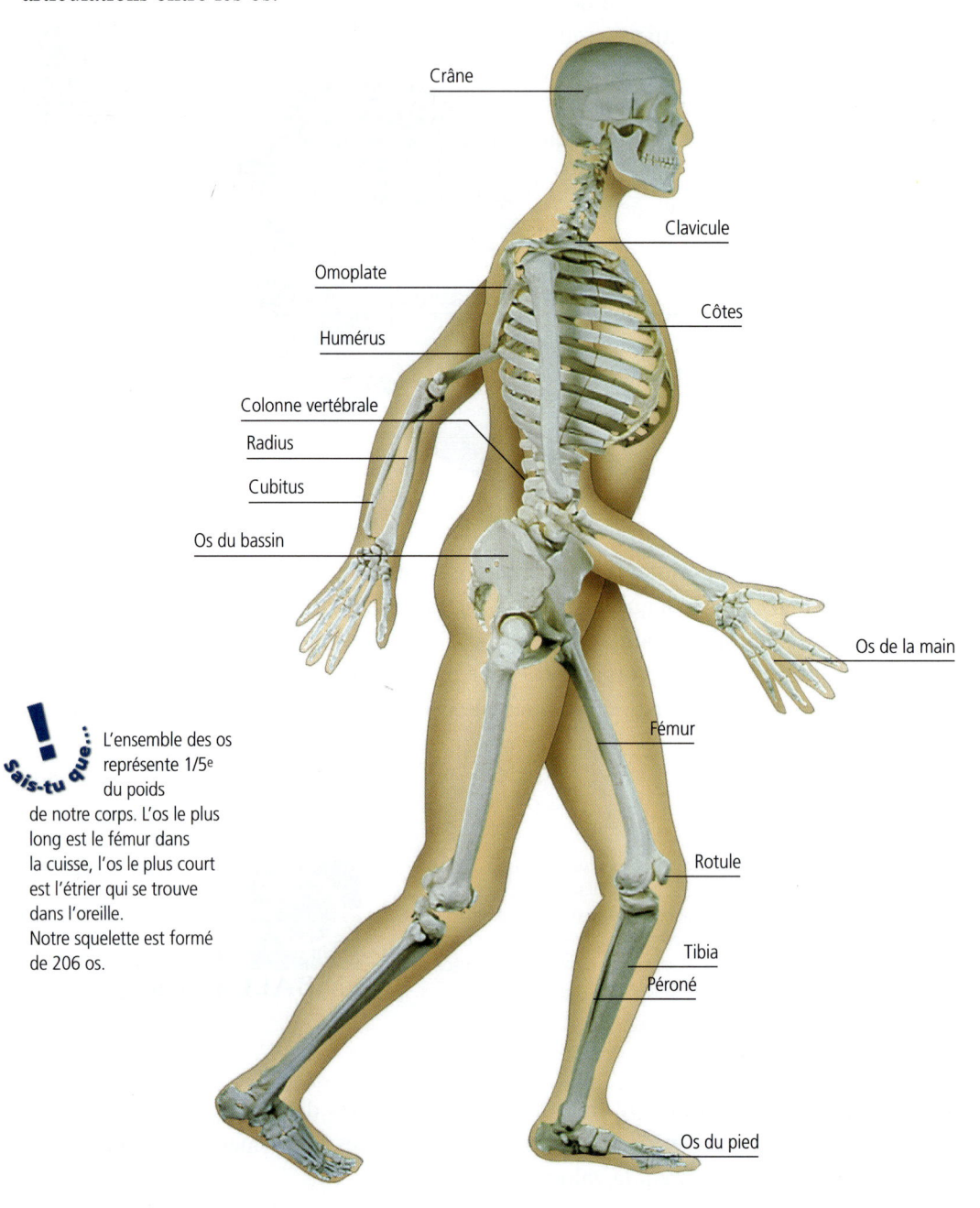

- Crâne
- Clavicule
- Omoplate
- Côtes
- Humérus
- Colonne vertébrale
- Radius
- Cubitus
- Os du bassin
- Os de la main
- Fémur
- Rotule
- Tibia
- Péroné
- Os du pied

Sais-tu que... L'ensemble des os représente 1/5e du poids de notre corps. L'os le plus long est le fémur dans la cuisse, l'os le plus court est l'étrier qui se trouve dans l'oreille. Notre squelette est formé de 206 os.

Un squelette en mouvement

Les articulations

Nous pouvons faire des mouvements parce que les os sont articulés entre eux.

L'épaule et le coude : deux exemples d'articulation

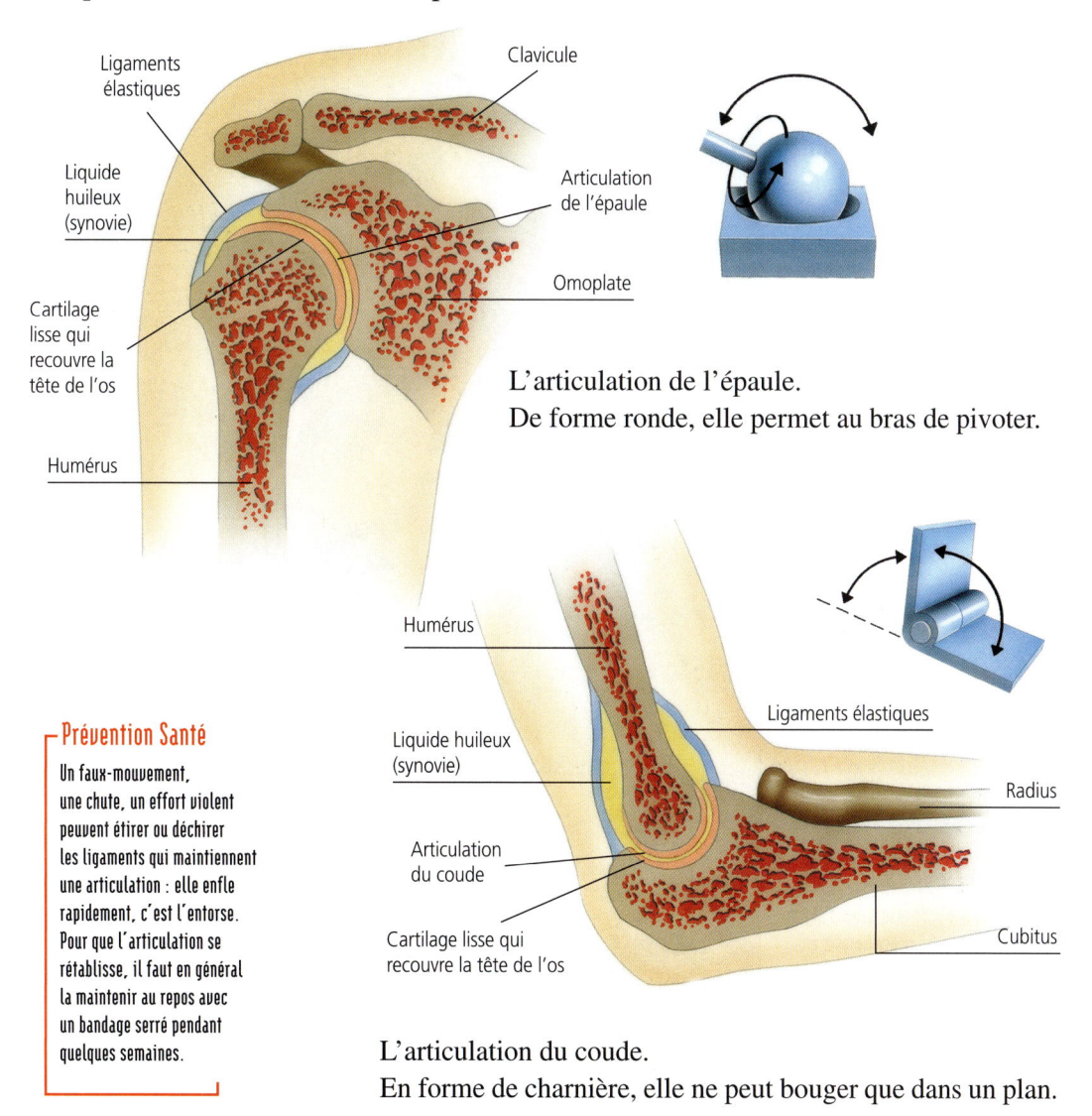

Ligaments élastiques
Clavicule
Liquide huileux (synovie)
Articulation de l'épaule
Omoplate
Cartilage lisse qui recouvre la tête de l'os
Humérus

L'articulation de l'épaule.
De forme ronde, elle permet au bras de pivoter.

Humérus
Ligaments élastiques
Liquide huileux (synovie)
Radius
Articulation du coude
Cartilage lisse qui recouvre la tête de l'os
Cubitus

L'articulation du coude.
En forme de charnière, elle ne peut bouger que dans un plan.

Prévention Santé

Un faux-mouvement, une chute, un effort violent peuvent étirer ou déchirer les ligaments qui maintiennent une articulation : elle enfle rapidement, c'est l'entorse. Pour que l'articulation se rétablisse, il faut en général la maintenir au repos avec un bandage serré pendant quelques semaines.

Notre squelette peut se mouvoir grâce aux articulations entre les os. Les articulations permettent des mouvements différents selon leur forme. Elles ne se coincent presque jamais car elles contiennent un liquide, la synovie, qui facilite le glissement des cartilages l'un contre l'autre. Des ligaments élastiques relient les os entre eux.

LE CORPS HUMAIN ET L'ÉDUCATION À LA SANTÉ

Des muscles et des os pour bouger

Des muscles pour gagner

Les mouvements du corps de ce sportif sont dus à la contraction de ses muscles.

Pour éviter des accidents musculaires, il faut s'échauffer et pratiquer des étirements prudents avant et après l'effort.

Prévention Santé
Un claquage est une rupture des fibres d'un muscle lors d'un faux mouvement ou un effort physique trop violent. Le muscle se cicatrisera tout seul, mais lentement. Il faut le laisser au repos pendant quelques semaines.

Des muscles et des os pour bouger

Les muscles du bras : un exemple de mouvement

Les muscles sont attachés aux os par des tendons qui sont placés de part et d'autre d'une articulation.

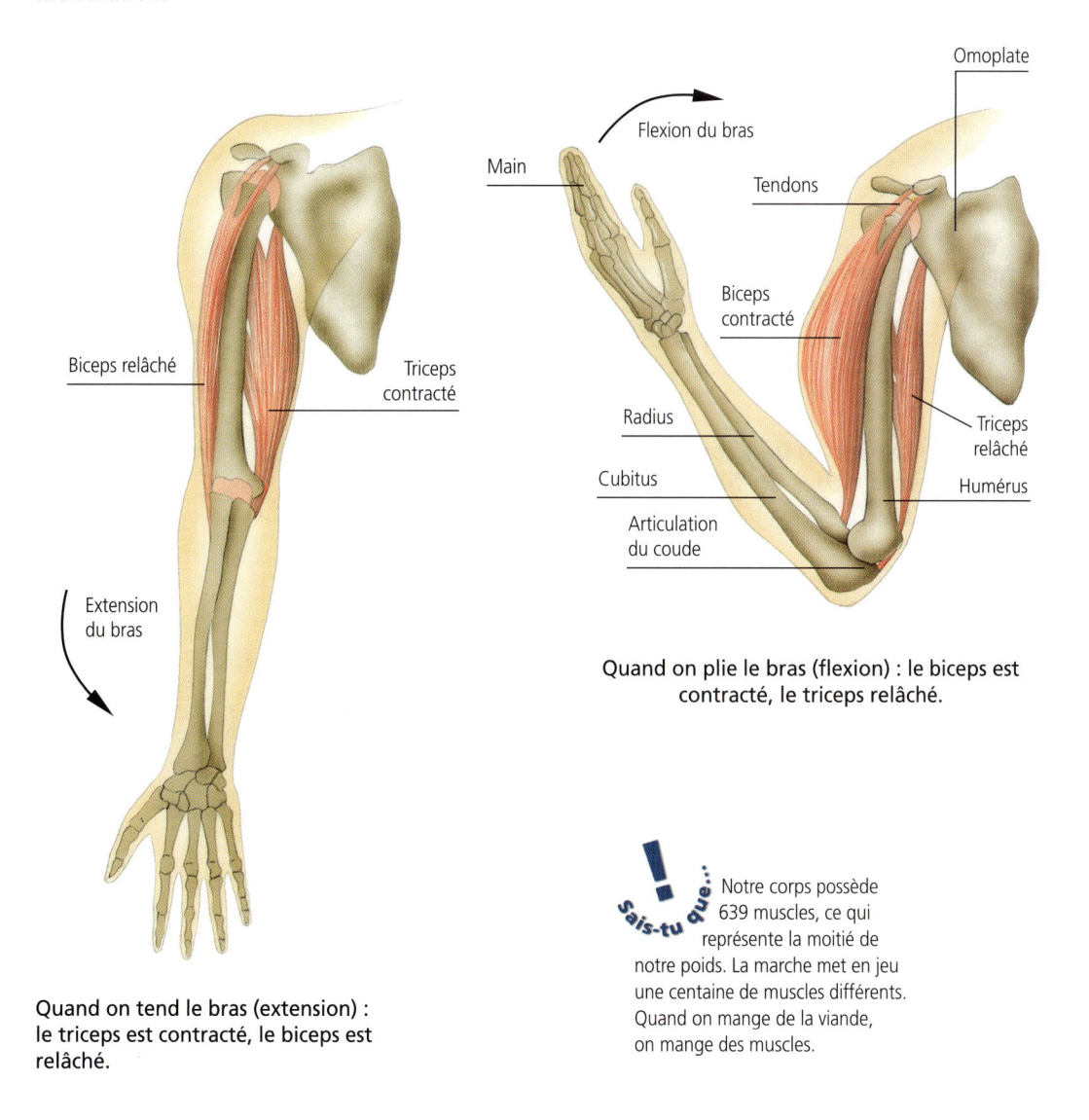

Labels on left figure: Biceps relâché — Triceps contracté — Extension du bras — Main

Labels on right figure: Omoplate — Flexion du bras — Tendons — Biceps contracté — Radius — Cubitus — Articulation du coude — Triceps relâché — Humérus

Quand on plie le bras (flexion) : le biceps est contracté, le triceps relâché.

Quand on tend le bras (extension) : le triceps est contracté, le biceps est relâché.

Sais-tu que... Notre corps possède 639 muscles, ce qui représente la moitié de notre poids. La marche met en jeu une centaine de muscles différents. Quand on mange de la viande, on mange des muscles.

Lorsqu'un muscle se contracte, il se raccourcit et fait pivoter les os du squelette autour de l'articulation. En même temps, le muscle situé de l'autre côté de l'articulation se relâche : c'est le muscle antagoniste. Les mouvements des muscles sont commandés par le système nerveux.

LE CORPS HUMAIN ET L'ÉDUCATION À LA SANTÉ

Les besoins alimentaires

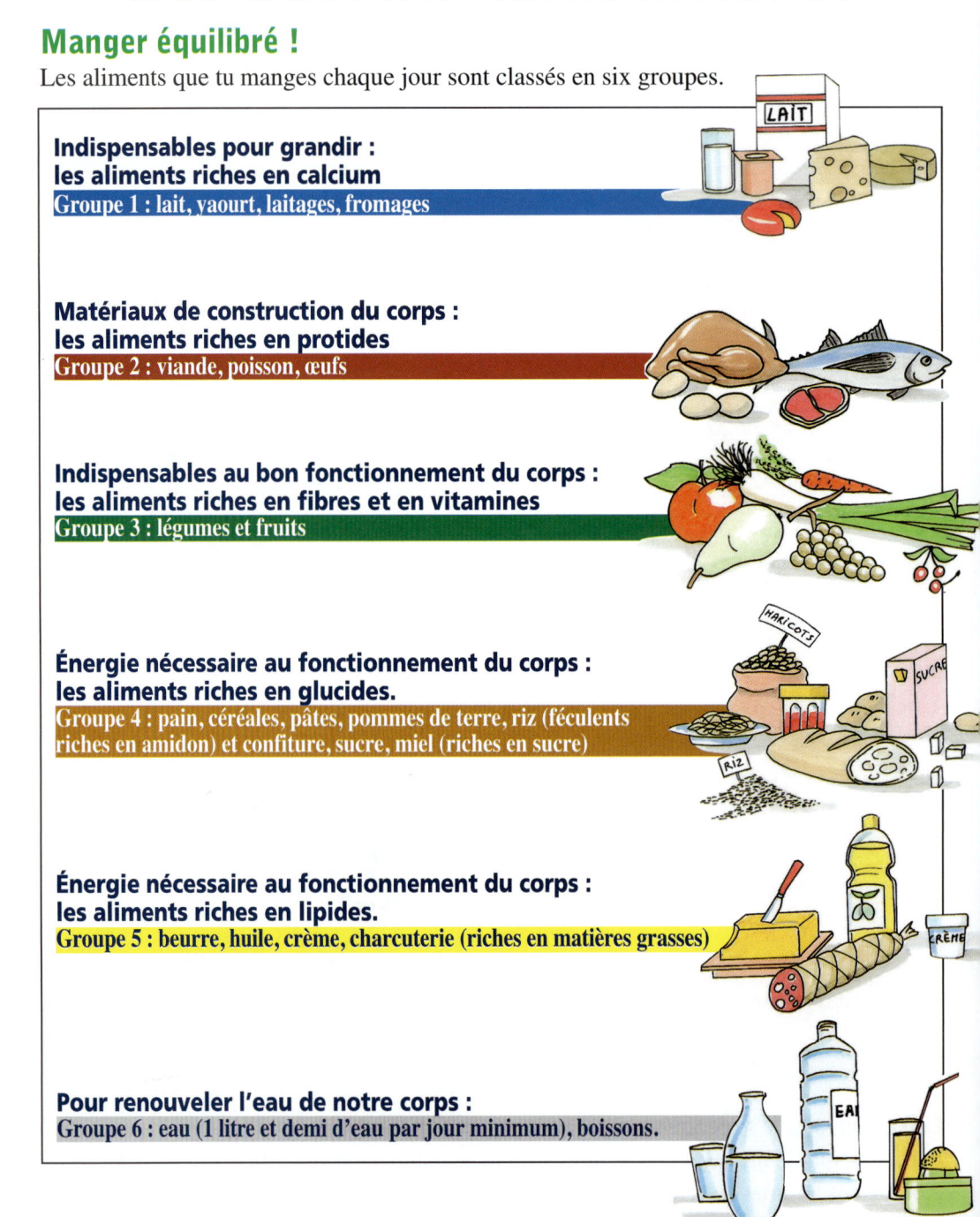

Manger équilibré !

Les aliments que tu manges chaque jour sont classés en six groupes.

**Indispensables pour grandir :
les aliments riches en calcium**
Groupe 1 : lait, yaourt, laitages, fromages

**Matériaux de construction du corps :
les aliments riches en protides**
Groupe 2 : viande, poisson, œufs

**Indispensables au bon fonctionnement du corps :
les aliments riches en fibres et en vitamines**
Groupe 3 : légumes et fruits

**Énergie nécessaire au fonctionnement du corps :
les aliments riches en glucides.**
Groupe 4 : pain, céréales, pâtes, pommes de terre, riz (féculents riches en amidon) et confiture, sucre, miel (riches en sucre)

**Énergie nécessaire au fonctionnement du corps :
les aliments riches en lipides.**
Groupe 5 : beurre, huile, crème, charcuterie (riches en matières grasses)

Pour renouveler l'eau de notre corps :
Groupe 6 : eau (1 litre et demi d'eau par jour minimum), boissons.

Il faut manger chaque jour au moins un aliment de chacun des différents groupes ci-dessus.

Les besoins alimentaires

Des besoins différents selon l'âge et l'activité

Pour grandir, les enfants ont davantage besoin que les adultes de matériaux de construction (riches en protides) et de calcium.

Quand on fait beaucoup d'efforts physiques, on peut manger davantage d'aliments énergétiques (riches en glucides) ; sinon il ne faut pas en abuser.

La sous-nutrition et la malnutrition

Plus d'un milliard d'être humains souffrent de sous-nutrition ou de malnutrition :
- la sous-nutrition est un manque de nourriture par rapport aux besoins de l'organisme ;
- la malnutrition est un manque de certains groupes d'aliments, en particulier d'aliments bâtisseurs, ce qui provoque des retards de croissance très graves.

La suralimentation

Dans les pays riches, les mauvaises habitudes alimentaires provoquent l'obésité ou encore des maladies du cœur et des vaisseaux sanguins. Elles sont dues à un excès de sucres, de graisses ou de viande dans l'alimentation.

> **Prévention Santé**
> Il ne faut pas abuser des matières grasses. Beaucoup d'aliments contiennent des graisses cachées : charcuterie, crèmes, frites et chips...

L'eau est la seule boisson indispensable

Notre corps contient 60 % d'eau. Il en a besoin pour fonctionner et éliminer les déchets. Il faut en boire un litre et demi par jour au minimum.

Sais-tu que... Les boissons sucrées gazeuses, les sodas, les sirops ont un goût agréable, car ils contiennent beaucoup de sucre (un verre de Coca-Cola contient l'équivalent de trois morceaux de sucre). Mais l'excès de sucre est nocif à la santé et favorise les caries dentaires.

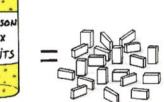

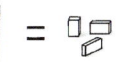

Manger, c'est fournir au corps les aliments dont il a besoin.
Pour grandir et être en bonne santé, il faut avoir une alimentation saine, variée et équilibrée.

LE CORPS HUMAIN ET L'ÉDUCATION À LA SANTÉ

Pour bien digérer

Le trajet des aliments dans l'appareil digestif

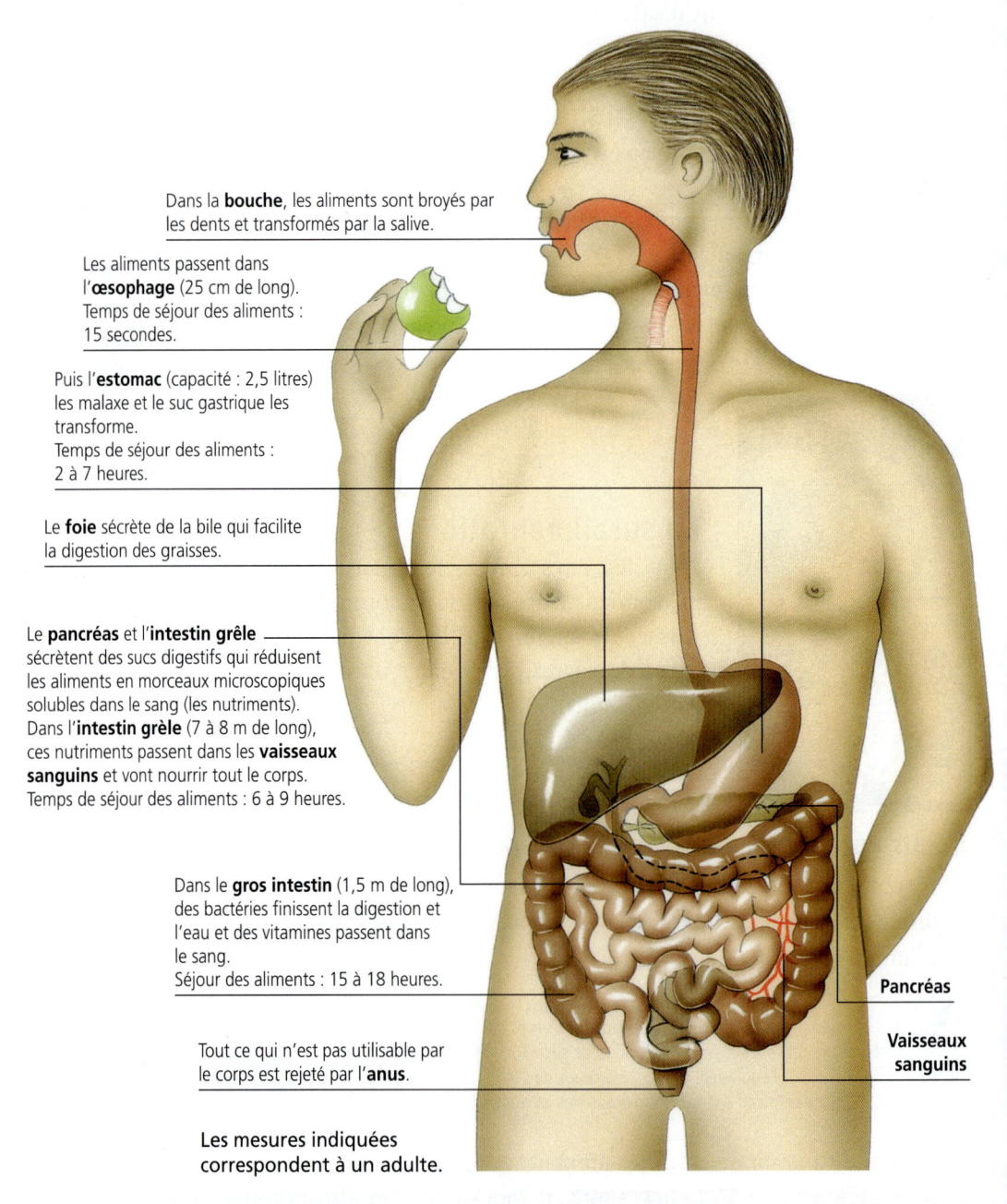

Dans la **bouche**, les aliments sont broyés par les dents et transformés par la salive.

Les aliments passent dans l'**œsophage** (25 cm de long). Temps de séjour des aliments : 15 secondes.

Puis l'**estomac** (capacité : 2,5 litres) les malaxe et le suc gastrique les transforme. Temps de séjour des aliments : 2 à 7 heures.

Le **foie** sécrète de la bile qui facilite la digestion des graisses.

Le **pancréas** et l'**intestin grêle** sécrètent des sucs digestifs qui réduisent les aliments en morceaux microscopiques solubles dans le sang (les nutriments). Dans l'**intestin grêle** (7 à 8 m de long), ces nutriments passent dans les **vaisseaux sanguins** et vont nourrir tout le corps. Temps de séjour des aliments : 6 à 9 heures.

Dans le **gros intestin** (1,5 m de long), des bactéries finissent la digestion et l'eau et des vitamines passent dans le sang. Séjour des aliments : 15 à 18 heures.

Tout ce qui n'est pas utilisable par le corps est rejeté par l'**anus**.

Pancréas

Vaisseaux sanguins

Les mesures indiquées correspondent à un adulte.

Au cours de la digestion, les aliments sont transformés en particules microscopiques qui peuvent se dissoudre dans le sang : les nutriments.

Pour bien digérer

Le rôle de l'intestin grêle
L'intestin grêle est irrigué par beaucoup de vaisseaux sanguins.

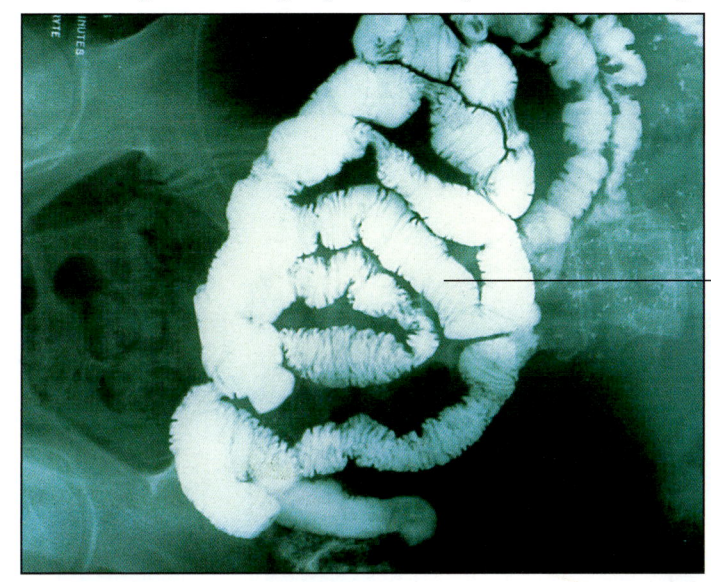

Anse de l'intestin grêle

La forme de l'intérieur de l'intestin grêle est rendue visible par la bouillie spéciale que la personne a mangée et que l'on voit en blanc sur la radiographie.

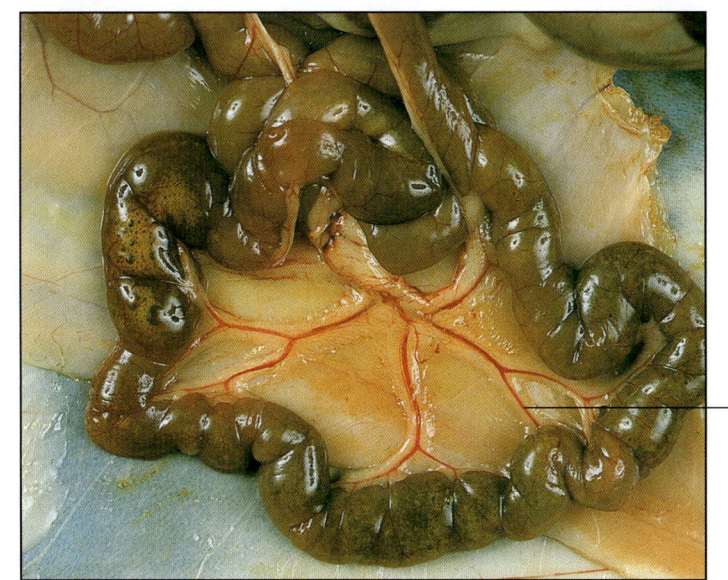

Sais-tu que... L'appendice est un prolongement du gros intestin. S'il est envahi de microbes, il s'infecte, c'est la crise d'appendicite : il faut opérer très rapidement pour retirer l'appendice.

Vaisseaux sanguins

Cet intestin de lapin est irrigué par un réseau de vaisseaux sanguins.

Les nutriments traversent les parois de l'intestin et passent dans les vaisseaux sanguins. Le sang transporte ces nutriments jusqu'à tous les organes du corps qui les utilisent pour fonctionner.

LE CORPS HUMAIN ET L'ÉDUCATION À LA SANTÉ

Respirer pour vivre

Quand tu respires, l'air entre et sort de tes poumons. L'air entre : tu inspires ; l'air sort : tu expires. On appelle ces mouvements les mouvements respiratoires.

Les mouvements respiratoires

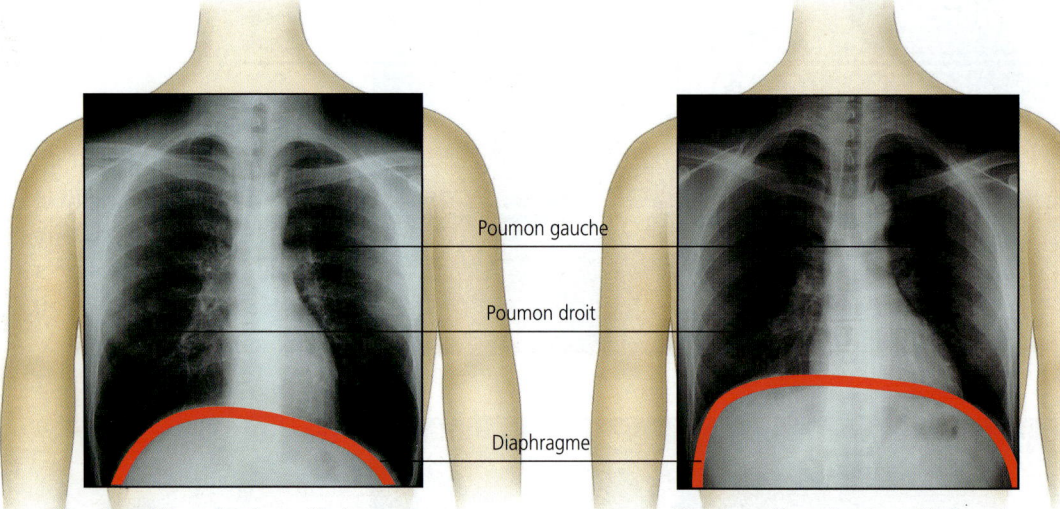

Poumon gauche
Poumon droit
Diaphragme

Pendant l'inspiration : l'air entre, les poumons se gonflent, tu inspires.

Pendant l'expiration, l'air sort, les poumons se vident, tu expires.

L'air inspiré n'a pas la même composition que l'air expiré

Analyse de l'air qui entre et qui sort des poumons		
Pour 100 cm³ d'air	air inspiré	air expiré
dioxygène	21 cm³	16 cm³
dioxyde de carbone	très peu	4 à 5 cm³
azote	79 cm³	79 cm³

Analyse de la composition du sang qui entre et qui sort des poumons		
Pour 100 cm³ de sang	en entrant	en sortant
dioxygène	12 cm³	20 cm³
dioxyde de carbone	48 cm³	40 cm³

Prévention Santé

La fumée du tabac contient des produits toxiques dangereux pour la santé des fumeurs et de ceux qui les entourent :
- la nicotine qui agit sur le système nerveux ;
- et des goudrons qui se fixent dans certaines cellules des poumons, ce qui provoque l'apparition de cancers.

Respirer pour vivre

Les bronches et les poumons

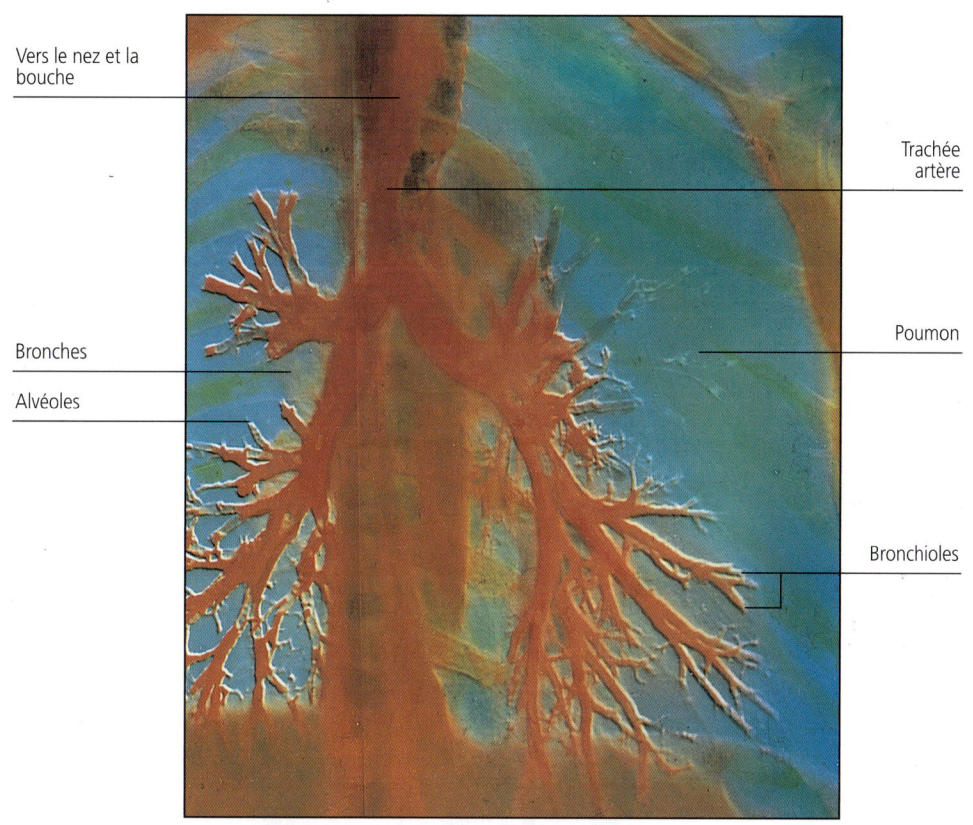

Vers le nez et la bouche

Trachée artère

Bronches

Poumon

Alvéoles

Bronchioles

Une radiographie des bronches dans les poumons.
Les tubes (bronches et bronchioles) qui conduisent l'air dans les poumons sont colorés en rouge par ordinateur.

Sais-tu que... Les poumons sont constitués de millions d'alvéoles pulmonaires, ce qui représente une surface d'échange de 200 m² (2 ou 3 salles de classes). Chaque jour, il passe dans les poumons 12 000 litres d'air, au cours de 24 000 mouvements respiratoires. Il y passe aussi environ 8 000 litres de sang.

Lors des mouvements respiratoires l'air pénètre dans les poumons par des tubes de plus en plus fins : les bronches. Les bronches plus fines se terminent par des petits sacs : les alvéoles. Dans ces alvéoles, du dioxygène (oxygène) passe dans les vaisseaux sanguins. Le sang transporte ce dioxygène vers tous les organes du corps qui l'utilisent pour produire de l'énergie. Le sang transporte aussi du dioxyde de carbone (gaz carbonique) qui est rejeté dans les poumons au niveau des alvéoles.

LE CORPS HUMAIN ET L'ÉDUCATION À LA SANTÉ

Le sang et la circulation sanguine

Tu peux sentir les battements de ton cœur en appuyant sur le côté gauche de ta poitrine, par exemple.

Le cœur, une pompe qui fait circuler le sang

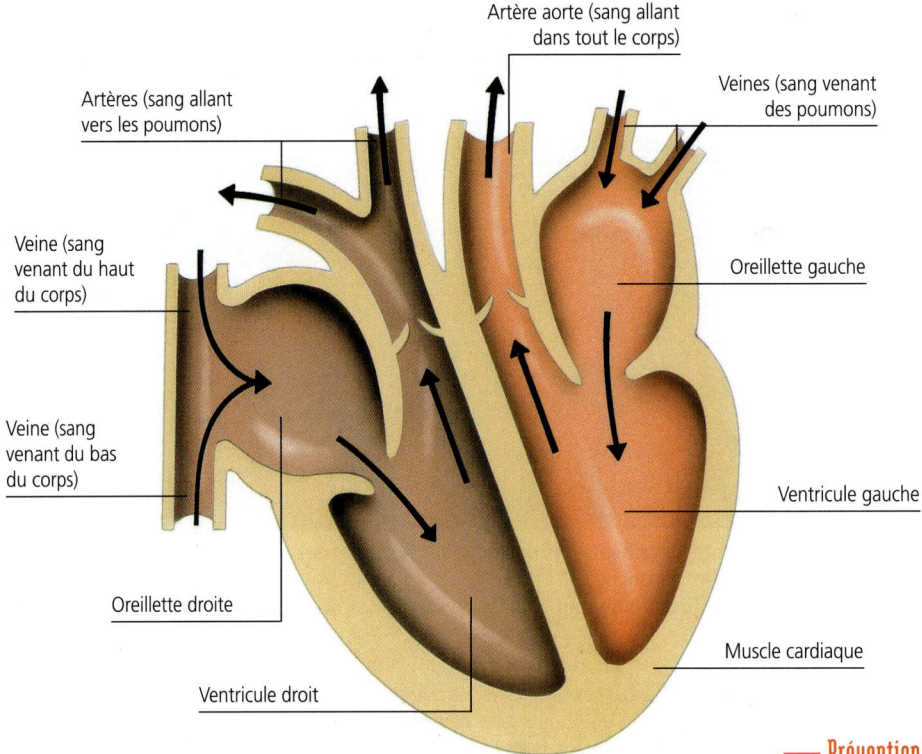

Artère aorte (sang allant dans tout le corps)

Artères (sang allant vers les poumons)

Veines (sang venant des poumons)

Veine (sang venant du haut du corps)

Oreillette gauche

Veine (sang venant du bas du corps)

Ventricule gauche

Oreillette droite

Muscle cardiaque

Ventricule droit

Le cœur est constitué de deux parties complètement séparées.
Le sang qui vient des poumons est oxygéné. Il arrive dans la partie gauche du cœur. Il est propulsé par l'aorte dans tout le corps.
Le sang qui vient du corps arrive dans la partie droite du cœur. Il est poussé vers les poumons pour y être oxygéné.

Prévention Santé

Pour protéger son cœur, il faut faire des exercices physiques, ne pas fumer, ni manger trop de graisses et de sucre afin d'éviter des dépôts qui bouchent les vaisseaux sanguins. En effet, si les vaisseaux qui alimentent le cœur se bouchent, le sang n'y arrive plus c'est l'infarctus.

Les vaisseaux sanguins dans la main

Des veines sont visibles sous la peau. Les artères ne sont pas visibles car elles sont plus profondes.
Le sang passe des artérioles aux veinules par un réseau de vaisseaux microscopiques : les capillaires.
Le sang est ensuite transporté vers le cœur par les veines.

La circulation du sang

Le sang sert d'intermédiaire entre tous les organes de notre corps et l'extérieur.
Les artères apportent le dioxygène (oxygène) et les nutriments jusqu'à tous les organes du corps qui les utilisent.
Les organes produisent du dioxyde de carbone et des déchets. Le dioxyde de carbone est rejeté par les poumons. Les déchets sont rejetés par les reins.

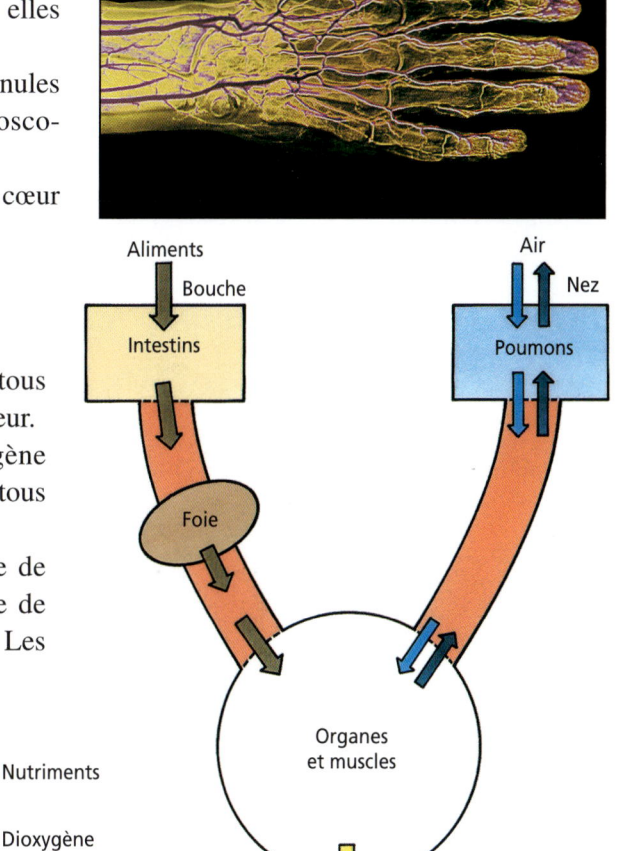

Sais-tu que... Dans notre corps, 5 litres de sang circulent dans 150 000 km de vaisseaux sanguins à une vitesse allant de 40 centimètres par seconde dans les grosses artères à 1/2 millimètre par seconde dans les plus petites (les capillaires).
Nos reins filtrent 200 fois par jour tout notre sang.

Le sang circule en sens unique dans les vaisseaux sanguins. Il est propulsé en permanence par le cœur. Le rythme du cœur et de la respiration s'adapte aux besoins de l'organisme. Ils sont accélérés pendant un effort. Le cœur peut battre trois fois plus vite lors d'un effort important.

LE CORPS HUMAIN ET L'ÉDUCATION À LA SANTÉ

L'appareil digestif et l

Superpose les carrés rouges du transparent et ceux du livre pour découvrir la circulation sanguine.

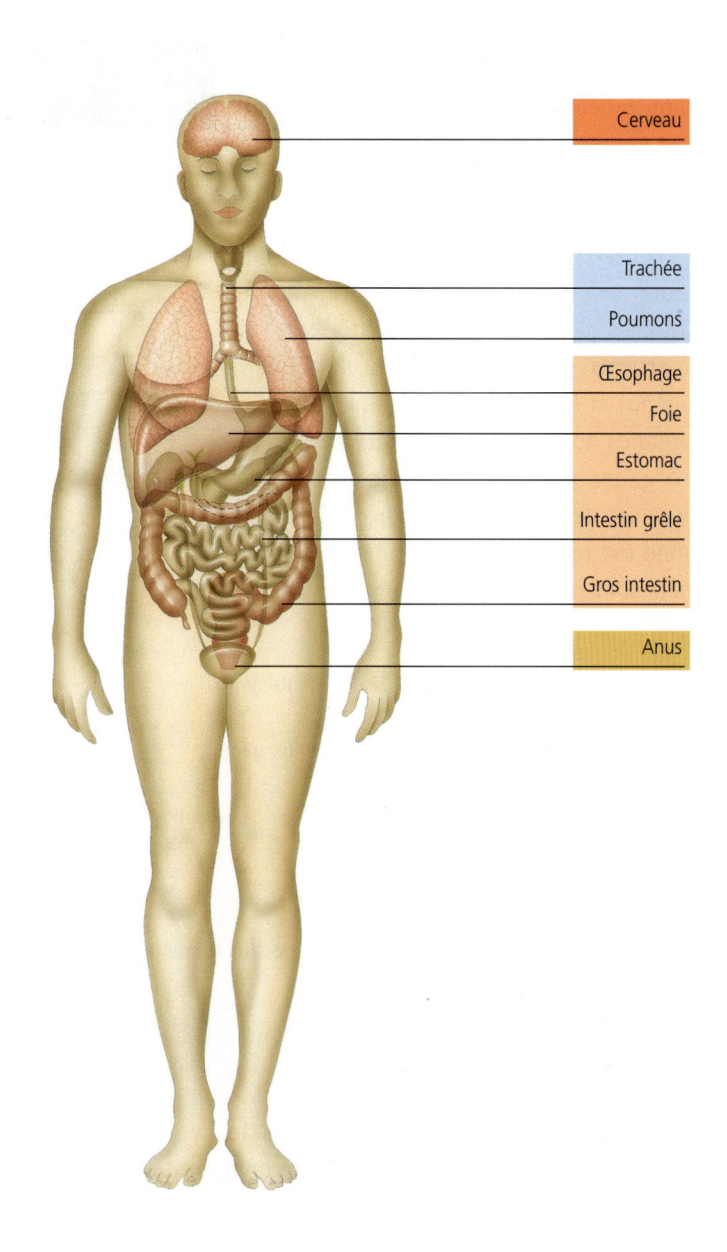

- Cerveau
- Trachée
- Poumons
- Œsophage
- Foie
- Estomac
- Intestin grêle
- Gros intestin
- Anus

L'appareil digestif et la circulation sanguine

irculation sanguine

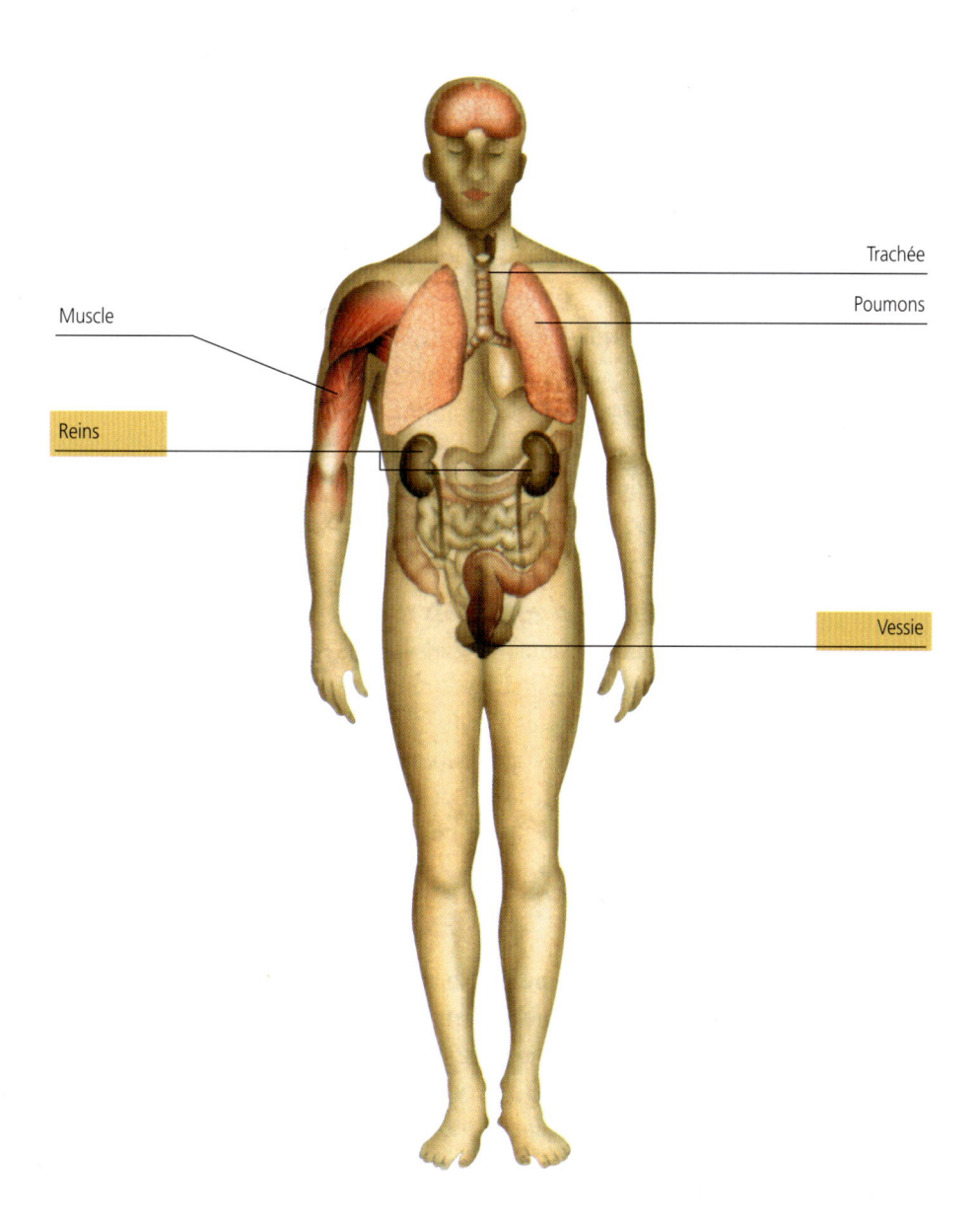

Trachée
Poumons
Muscle
Reins
Vessie

LE CORPS HUMAIN ET L'ÉDUCATION À LA SANTÉ

En cas de danger

En cas de brûlure…

Fais immédiatement couler pendant 10 minutes de l'eau froide sur la partie brûlée. Si un vêtement est en contact avec la partie brûlée, ne cherche pas à l'enlever, tu pourrais arracher la peau. Appelle à l'aide. Protège la brûlure avec une serviette propre.

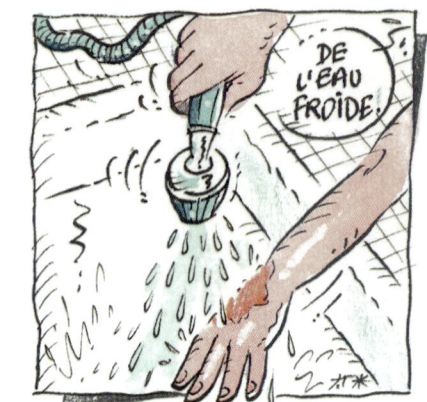

En cas de début d'incendie…

Téléphone aussitôt aux pompiers en composant le 18, éloigne-toi des flammes et crie « au feu ». Ne fais pas de courant d'air ; il attiserait les flammes.

S'il y a de la fumée, déplace-toi en te baissant : l'air reste plus respirable au niveau du sol.

Si tes vêtements prennent feu, ne cours pas, mais roules toi par terre pour étouffer le feu. Tu peux aussi jeter une couverture de laine (jamais de tissu synthétique) pour étouffer les flammes.

Ne jette jamais d'eau sur un appareil électrique en feu. Tu t'électrocuterais. Coupe l'électricité au disjoncteur.

En cas de fuite de gaz

Si tu sens une odeur de gaz, ouvre les fenêtres pour aérer et ferme le gaz au compteur. Sors de la maison sans toucher à un appareil électrique.

Ne touche ni au téléphone, ni à un interrupteur, ni à une sonnette, ni à une lampe de poche. Bien entendu n'allume ni briquet, ni allumette.

Préviens vite tes parents ou les voisins.

Sors à l'extérieur pour téléphoner aux pompiers. Ne téléphone jamais de la maison où l'on sent le gaz.

En cas de danger

Pour éviter de se noyer

Qu'il est agréable de jouer dans l'eau, mais l'eau peut être dangereuse.
Ne te jette jamais brusquement dans l'eau, tu risques l'hydrocution. Le contact trop rapide avec une eau plus froide que ton corps peut surprendre ton organisme et couper ta respiration. C'est la mort instantanée !
Baigne-toi toujours dans une zone surveillée et ne t'éloigne pas. N'enfonce jamais la tête d'un copain sous l'eau par surprise. L'eau peut pénétrer dans la trachée qui conduit l'air aux poumons. Il peut s'évanouir et se noyer.
Ne laisse jamais un petit enfant jouer seul dans son bain ou une petite piscine, il peut se noyer dans 30 centimètres d'eau.

Non aux coups de soleil

Le soleil est agréable, mais s'exposer trop au soleil est dangereux.
Protège ta peau avec une crème solaire pour éviter les coups de soleil. Ce sont de véritables brûlures de la peau qui peuvent être graves. On peut même avoir un cancer de la peau après quelques années.
Mets une casquette pour éviter une insolation. Une insolation peut donner mal à la tête, on peut s'évanouir et même en mourir.

Ne bouge pas un blessé grave

Si une personne est blessée lors d'un accident, elle peut avoir des fractures. Si tu bouges la personne, tu peux déplacer les morceaux d'os et produire des hémorragies à l'intérieur du corps. Cela peut même déchirer la colonne vertébrale et le blessé sera alors définitivement paralysé.
Il faut le protéger et appeler immédiatement les pompiers au 18. Ensuite parle au blessé pour le réconforter en attendant les secours.

> **! Sais-tu que...** Dans la nature, il ne faut jamais manger des fruits ou des plantes que tu ne connais pas bien. Même s'ils ont bon goût, ils peuvent être toxiques.

LE CORPS HUMAIN ET L'ÉDUCATION À LA SANTÉ

La procréation chez les humains

La puberté

Autour de 14 ans, chez les garçons : la croissance s'accélère, la voix change, des poils apparaissent sur le corps et le visage, les testicules commencent à produire des spermatozoïdes.

Autour de 12 ans, chez les filles : les seins se développent, des poils apparaissent sur le pubis, les ovaires commencent à libérer un ovule tous les 28 jours environ. Si l'ovule n'est pas fécondé, il est expulsé de l'utérus 14 jours plus tard, avec le sang dont l'utérus s'était gonflé pour recevoir un embryon. Ce sont les règles. Les règles durent 3 ou 4 jours.

Les organes génitaux

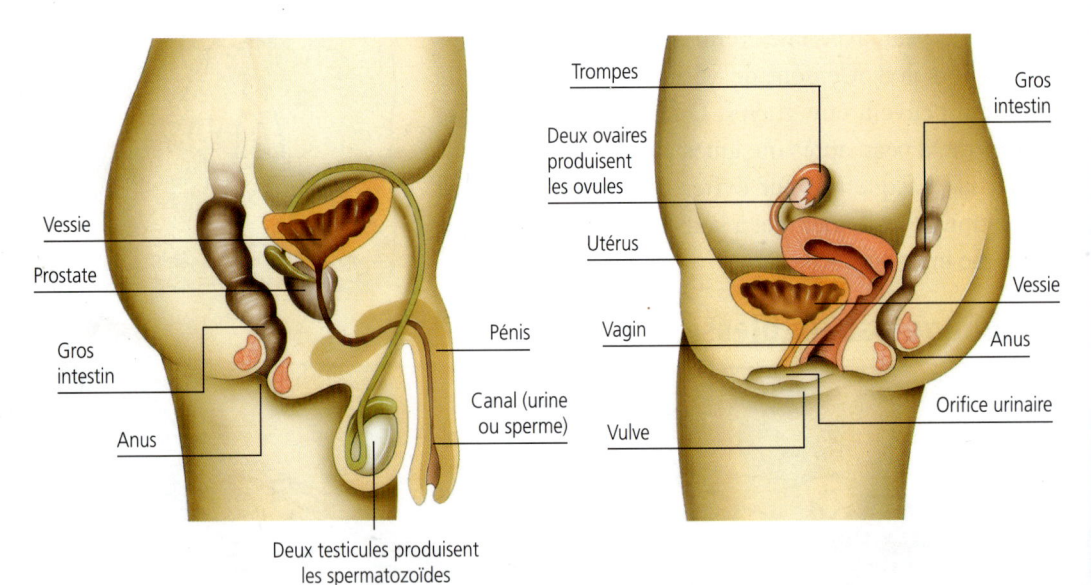

Dessin en coupe des organes génitaux de l'homme.

Dessin en coupe des organes génitaux de la femme.

Les ovaires de la femme produisent un seul ovule par mois (parfois plus). Lors de chaque rapport sexuel, l'homme dépose avec son pénis 200 à 300 millions de spermatozoïdes dans le vagin de la femme. Seulement quelques centaines d'entre eux remontent l'utérus. Si un ovule est présent dans l'utérus, un seul spermatozoïde fusionne avec lui : c'est la fécondation.

La procréation chez les humains

La fécondation
Un seul spermatozoïde du père s'unit à un ovule de la mère pour donner un œuf. C'est la fécondation. L'œuf se développe en donnant un bébé (voir pages 70-71).

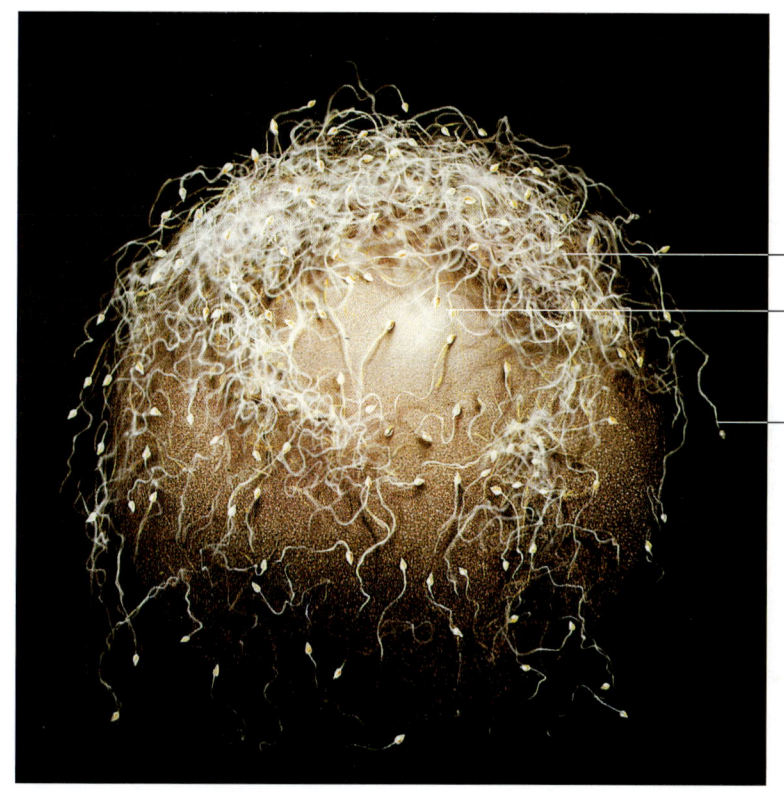

Spermatozoïdes

Ovule

Flagelle qui permet au spermatozoïde d'avancer

Spermatozoïdes autour d'un ovule

Sais-tu que... Les vrais jumeaux sont issus d'un même œuf (un ovule fécondé par un spermatozoïde) qui se sépare en deux. Ils sont donc de même sexe et identiques l'un à l'autre. Les faux jumeaux sont issus de deux ovules différents qui ont été fécondés par deux spermatozoïdes différents ; ils sont donc aussi différents que des frères et sœurs non jumeaux.

Prévention Santé
Lorsqu'un couple ne veut pas d'enfant, il utilise la contraception. Pour les femmes, la pilule est un des moyens contraceptifs. Le préservatif est un contraceptif pour les hommes. Il permet aussi de se protéger contre les maladies sexuellement transmissibles.

Un bébé éprouvette
Certains couples ne peuvent pas avoir d'enfant car les spermatozoïdes n'arrivent pas à rencontrer les ovules. Les médecins recueillent alors des spermatozoïdes chez l'homme et des ovules chez la femme. Ils les mettent ensemble dans une éprouvette où la fécondation a lieu. Puis ils replacent l'œuf dans l'utérus de la femme où il se développera normalement.

La procréation est la création d'un nouvel être humain par l'union d'un ovule de sa mère et d'un spermatozoïde de son père. Le bébé est génétiquement différent de ses parents.

LE CORPS HUMAIN ET L'ÉDUCATION À LA SANTÉ

Neuf mois pour venir au monde

Après la fécondation, l'œuf se divise

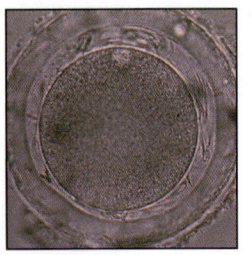

Œuf fécondé.

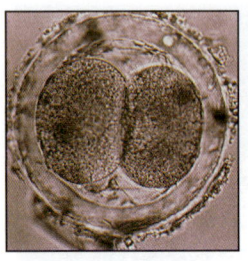

Quelques minutes plus tard.

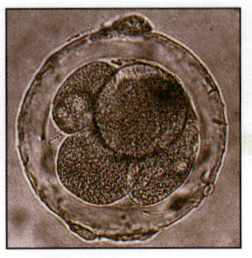

Quelques heures plus tard.

L'embryon se développe

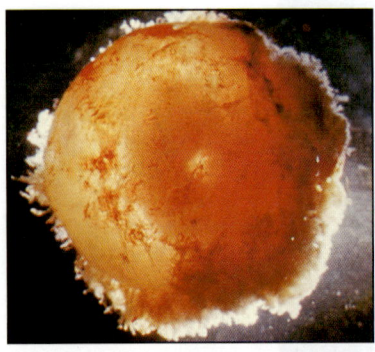

3 semaines : l'**embryon** est fixé dans l'utérus de la maman. Taille de l'embryon : 1,5 cm.

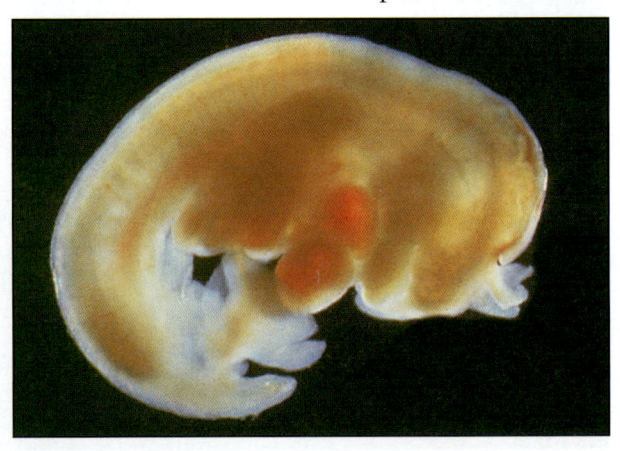

1 mois : le cœur commence à battre. Taille de l'embryon : 2,5 cm.

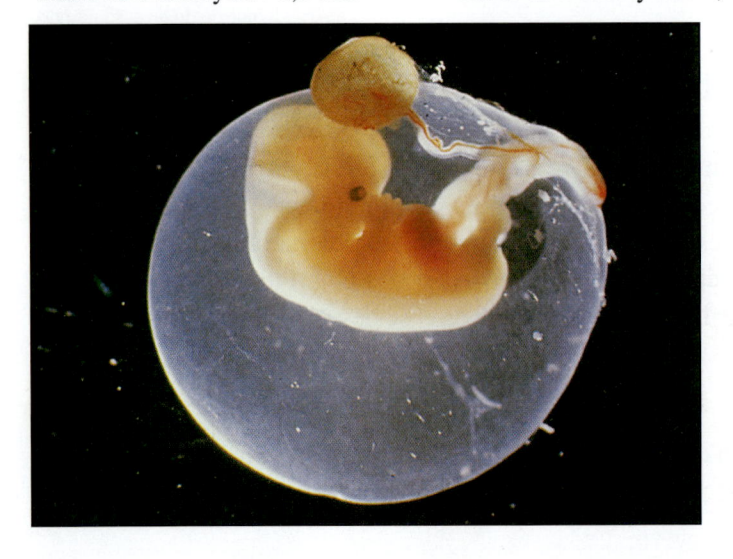

2 mois : l'embryon mesure 7 cm et tous les organes sont formés.

Il se développe dans une poche remplie de liquide amniotique.

Neuf mois pour venir au monde

Le fœtus se développe

Le **fœtus** est relié par le cordon ombilical au **placenta**, où le sang de la maman apporte de l'oxygène et de la nourriture.

À 3 mois, il commence à bouger sa tête et ses bras.

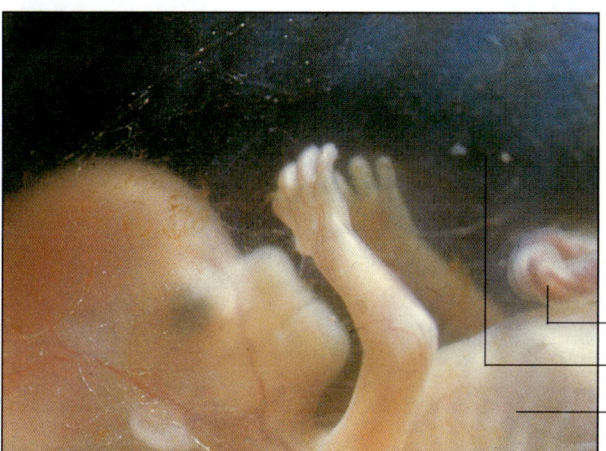

Cordon ombilical
Liquide amniotique de la "poche des eaux"
Cœur

3 mois. Taille du fœtus : 9 cm.

Dès 4 mois, la maman sent le fœtus bouger et celui-ci perçoit les sons.

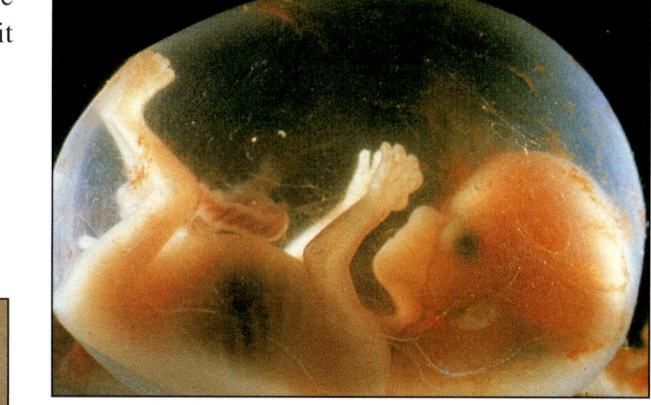

7 mois. Taille : 28 cm.

5 mois. Taille : 18 cm.

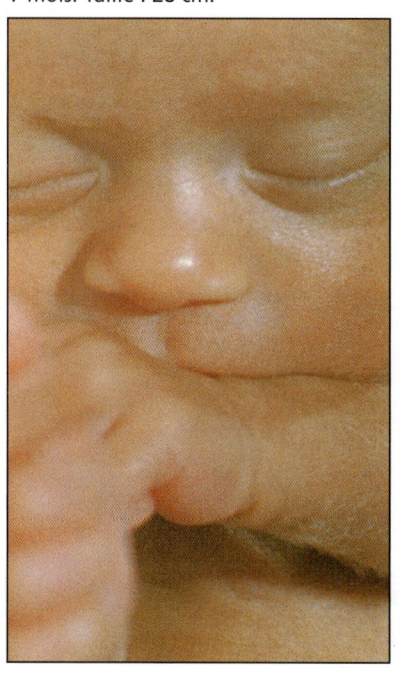

À 7 mois (28 cm), le fœtus suce son pouce.

À 9 mois, le « bébé » s'est retourné et présente sa tête « vers la sortie ».
En position fœtale, il mesure environ 34 cm, et après la naissance il mesure environ 50 cm.

LE CORPS HUMAIN ET L'ÉDUCATION À LA SANTÉ

La naissance

Le bébé dans le ventre de sa maman

Le bébé se développe dans le ventre de sa mère, dans une poche remplie de liquide qui le protège. Au niveau du placenta, de nombreux échanges ont lieu entre le sang de la mère et celui du fœtus : aliments solubles, dioxygène...

À la naissance, on coupe le cordon ombilical et le bébé devient autonome. Le nombril est la cicatrice du cordon ombilical.

Cordon ombilical
Bébé (fœtus) de 9 mois
Utérus
Poche des eaux
Vulve

La technologie au service de la grossesse

Depuis une vingtaine d'années, les femmes enceintes peuvent voir si leur bébé se développe bien dans leur ventre grâce à un examen médical : l'échographie.
Le médecin fait glisser un capteur sur le ventre de la maman pour voir le bébé à l'intérieur.

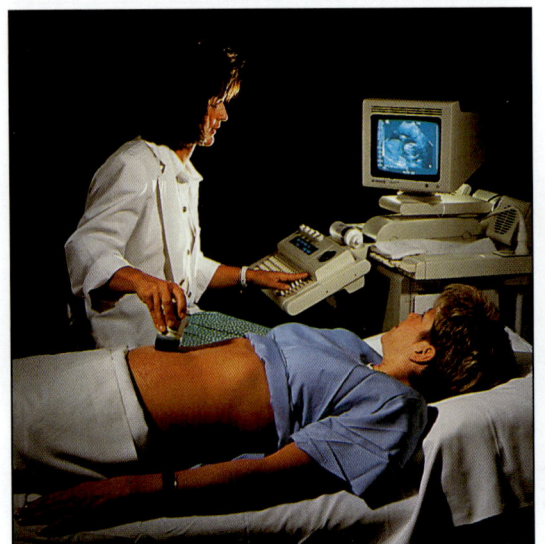

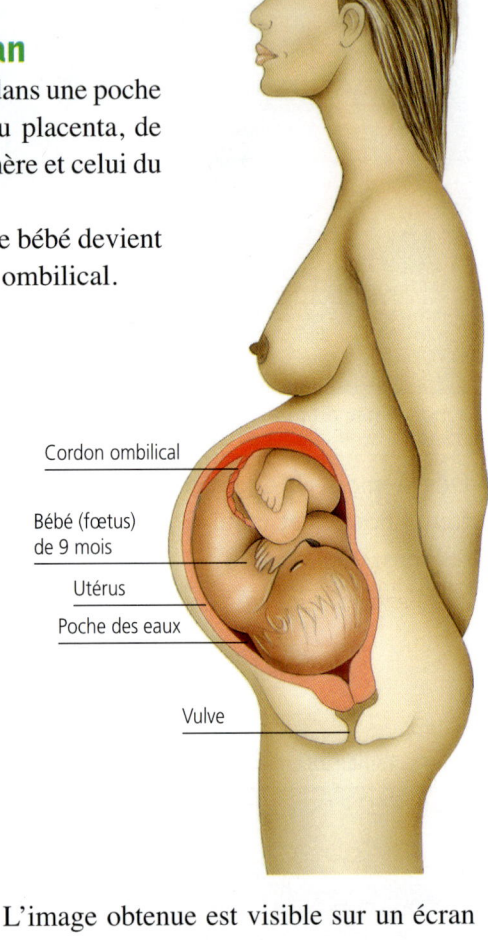

L'image obtenue est visible sur un écran de télévision pendant l'examen.
Cette image, ou échographie, montre un fœtus de 20 semaines.

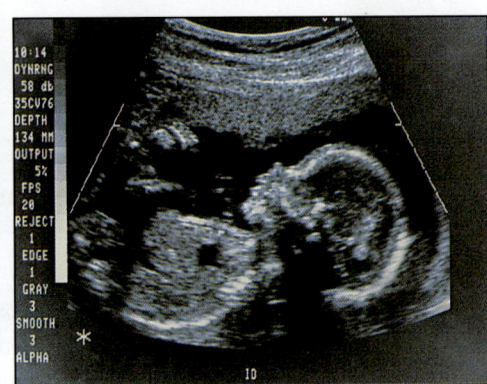

La naissance

L'accouchement

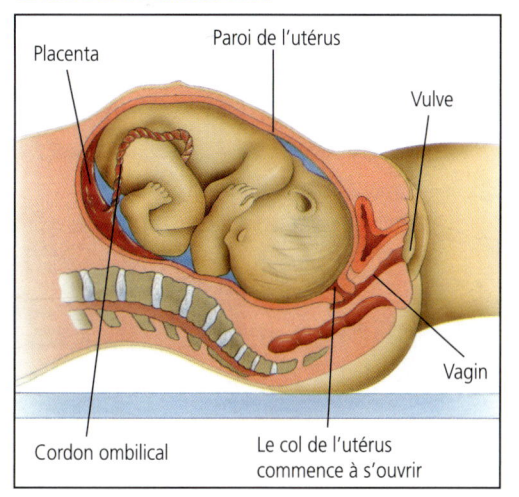

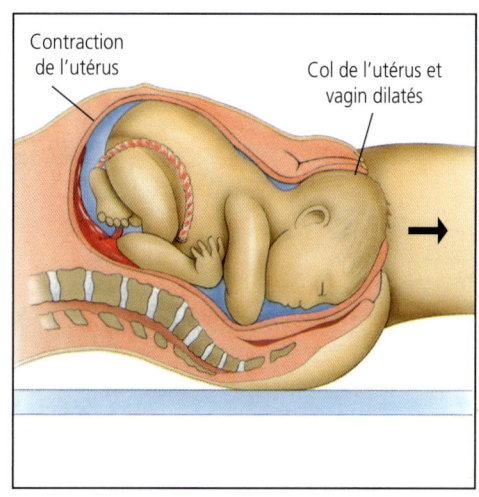

Placenta — Paroi de l'utérus — Vulve — Vagin — Cordon ombilical — Le col de l'utérus commence à s'ouvrir

Contraction de l'utérus — Col de l'utérus et vagin dilatés

Les contractions des muscles de l'utérus repoussent le bébé vers la vulve qui s'élargit : c'est la naissance.

L'allaitement

Le lait maternel fournit au bébé un aliment complet à la bonne température. Mais toutes les mamans n'allaitent pas leur bébé. Les laits du commerce apportent également tout ce qui est nécessaire au développement du bébé. La tétée au sein est alors remplacée par de nombreux biberons quotidiens.

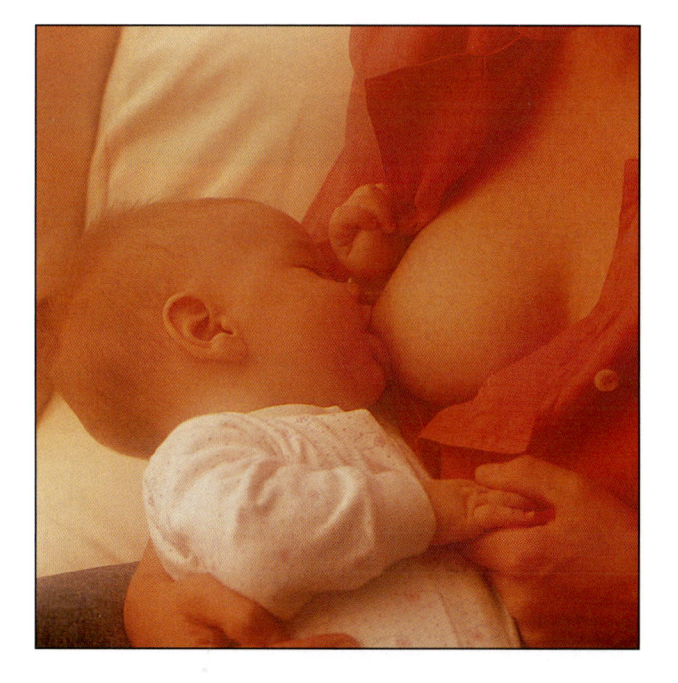

Sais-tu que... De la fécondation à la naissance, notre taille est multipliée par 5 000 et notre poids par 3 milliards !

Pendant 9 mois, le bébé grandit dans le ventre de sa mère. Le bébé est nourri par le cordon ombilical qui le relie au placenta.

Différentes source

Le Soleil est à l'origine de toute l'énergie sur la Terre

Centrale nucléaire

Plateforme de forage en mer pour capter le pétrole.

Laboureur au travail

Éoliennes actionnées par le vent

l'énergie

Centrale hydro-électrique

Centrale thermique classique (charbon)

Capteurs solaires

L'ÉNERGIE

Produire de l'électricité

Des appareils qui fournissent de l'énergie électrique

L'énergie électrique dont nous avons besoin est fournie par des piles, des batteries, des accumulateurs, des photopiles ou... des prises de courant !

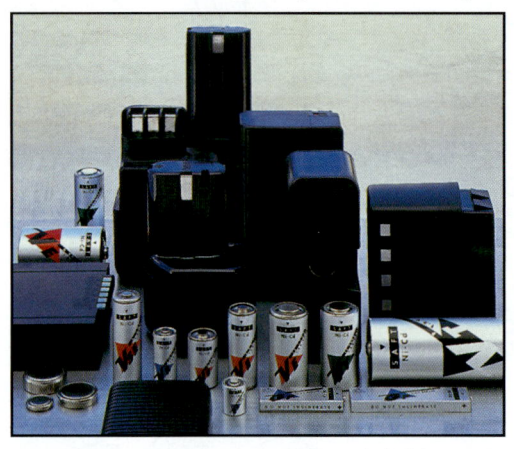

Ces piles produisent de l'électricité à partir d'énergie chimique. Il existe de très nombreuses variétés de piles, adaptées à l'usage et aux appareils.

La voiture solaire fonctionne grâce à des photopiles. C'est l'énergie lumineuse transmise par le rayonnement solaire qui fournit l'énergie.

Sais-tu que... L'électricité existe à l'état naturel. La foudre est une production naturelle d'électricité. Malheureusement, on ne peut pas l'utiliser telle quelle. Il faut au contraire s'en protéger. C'est la fonction des paratonnerres, dont Benjamin Franklin est l'inventeur.

Orage sur New York.

Des exemples d'alternateur

Un alternateur de bicyclette
Toutes les bicyclettes sont équipées d'un système d'éclairage. C'est la génératrice, appelée aussi dynamo (ou alternateur) qui fournit le courant. Il faut pédaler pour produire de l'électricité. Dans les VTT et les vélos d'enfants, l'alternateur est souvent remplacé par une pile.

Un alternateur industriel
Dans les centrales électriques, un gros alternateur fournit le courant électrique. Il est relié à une turbine. Il fonctionne grâce à l'eau ou à la vapeur d'eau. Quand la turbine est entraînée par la force de l'eau, on parle de source d'**énergie hydraulique**.
Quand la turbine est entraînée par la vapeur d'eau, cette vapeur peut être produite par la combustion de charbon ou de pétrole : on parle alors d'**énergie thermique classique**.
Cette vapeur peut être aussi produite par une réaction nucléaire : on parle alors de source d'**énergie thermique nucléaire** (thermique vient du grec *thermos* qui signifie « chaud »).

L'électricité est la forme d'énergie dont nous avons le plus besoin. Elle est produite à partir de l'énergie hydraulique, thermique, mécanique, chimique ou même solaire.

L'ÉNERGIE

Consommation et économies d'énergie

L'énergie que nous utilisons

Chaque jour, nous utilisons beaucoup d'énergie : pour mettre en mouvement, pour chauffer, éclairer ou se déplacer.
Cette énergie se présente sous forme d'électricité, de gaz, de fioul, d'essence, etc.

Cette énergie se mesure. L'énergie que nous utilisons le plus en France est l'électricité fournie par EDF (Électricité de France). Notre consommation est lue sur le compteur. Elle s'exprime en KWh.

Le compteur, placé en tête d'installation électrique indique la quantité d'énergie électrique que nous avons consommée. EDF facture notre consommation.

Un compteur électrique.   Une facture EDF.

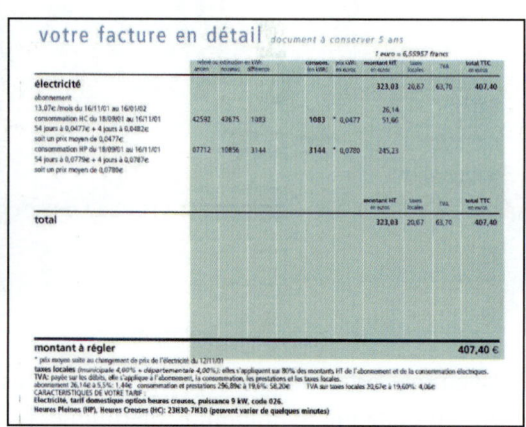

Consommation et économies d'énergie

Comment économiser l'énergie électrique ?

La consommation d'un appareil électrique dépend de sa puissance exprimée en watts et de la durée d'utilisation exprimée en heures.

Le tableau ci-dessous donne la puissance des appareils électriques les plus courants. Pour économiser l'énergie électrique, on peut choisir un appareil moins puissant, mais on peut aussi, et c'est préférable, limiter le temps d'utilisation.

lampe de poche	1 watt = 1 W
lampe à incandescence	40, 75 ou 100 W
réfrigérateur	80 W
ordinateur	100 W
télévision	180 W
fer à repasser	1 000 W = 1 KW (1 kilowatt)
four électrique	3 000 W
moteur TGV	1 000 000 W = 1 MW (1 mégawatt)
centrale électrique	1 000 000 000 000 W = 1 TW (1 térawatt)

La production d'électricité en France

La production d'électricité est plus importante que la consommation, car une partie de l'électricité est exportée.

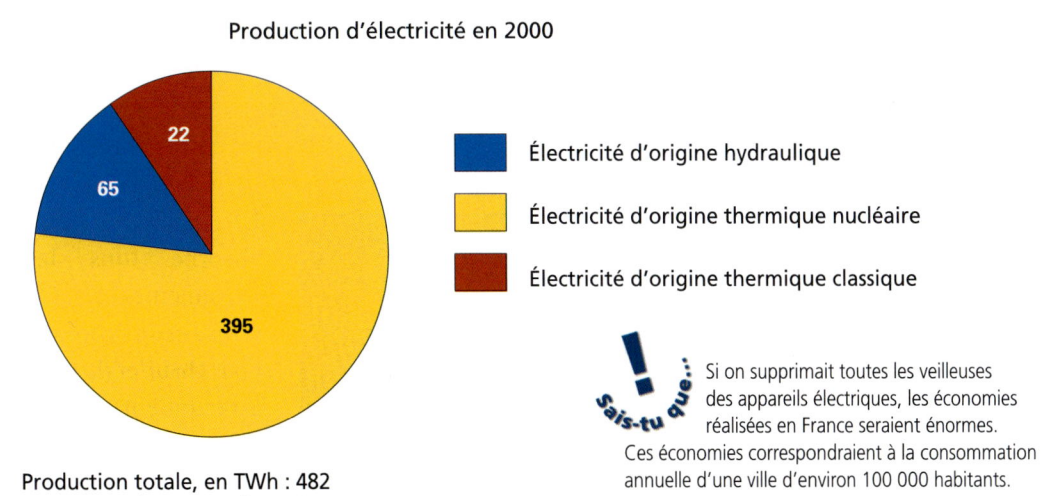

Production d'électricité en 2000

- 22
- 65
- 395

Électricité d'origine hydraulique

Électricité d'origine thermique nucléaire

Électricité d'origine thermique classique

Production totale, en TWh : 482
Consommation, en TWh : 440

Sais-tu que... Si on supprimait toutes les veilleuses des appareils électriques, les économies réalisées en France seraient énormes. Ces économies correspondraient à la consommation annuelle d'une ville d'environ 100 000 habitants.

Nous utilisons de l'énergie électrique. Chaque appareil utilisé consomme de l'énergie électrique produite à partir d'une source d'énergie naturelle. La ressource énergétique n'est pas inépuisable. On peut faire des économies en faisant attention aux appareils que l'on utilise et en limitant leur temps d'utilisation.

L'ÉNERGIE

Chauffer avec le soleil

Le Soleil est la principale source d'énergie sur la Terre. De tout temps on a essayé de récupérer la chaleur que transportent ses rayons.

Chauffer pour expérimenter

Dans un four solaire, grâce à des miroirs, on fait converger les rayons du soleil en un seul point. La température en ce point est très élevée et peut permettre de faire des expériences à très haute température.

Four solaire d'Odeillo (Font Romeu)

Chauffer pour se baigner

La couleur noire absorbe tous les rayonnements. On utilise cette propriété pour chauffer de l'eau directement par le rayonnement solaire. Cette propriété est utilisée pour les douches solaires utilisées en camping ou le chauffage des piscines.

Chauffe-eau solaire

Chauffer pour cultiver

Le verre laisse passer la lumière, mais il piège les rayons infrarouges qui transportent la chaleur. Même lorsqu'il fait froid dehors, il fait chaud à l'intérieur de la serre, ce qui permet de cultiver les plantes, les fruits et les légumes en toute saison.

Serre pour culture

Chauffer pour vivre

Dans une maison solaire, une partie du toit est recouverte de verre pour emprisonner la chaleur du rayonnement solaire. Parfois aussi, elles sont équipées de capteurs solaires. Un système de tuyauterie s'échauffe en traversant le capteur et permet de chauffer l'eau pour la toilette, la cuisine ou le chauffage de la maison.

Maison solaire

Les maisons solaires sont surtout présentes dans les régions à fort ensoleillement. L'inclinaison des capteurs ou du toit dépend de la latitude du lieu afin de profiter au maximum du rayonnement solaire.

Sais-tu que... Lorsqu'une voiture reste quelque temps au soleil, il fait très chaud à l'intérieur. Les vitres de la voiture se comportent comme le toit en verre d'une serre. Elles emprisonnent les rayons infrarouges et la chaleur est vite intenable.

Le soleil nous apporte beaucoup d'énergie sous forme de chaleur. Tous les moyens sont bons pour essayer de l'utiliser car c'est une énergie naturelle, économique et non polluante.

L'ÉNERGIE

Limiter les échanges de chaleur

Les transferts de chaleur

Lorsque l'on met en contact un corps chaud et un corps froid, la chaleur se propage spontanément du corps chaud vers le corps froid.

Au bout d'un certain temps, dans une même pièce, tous les objets sont à la même température : il y a équilibre thermique.

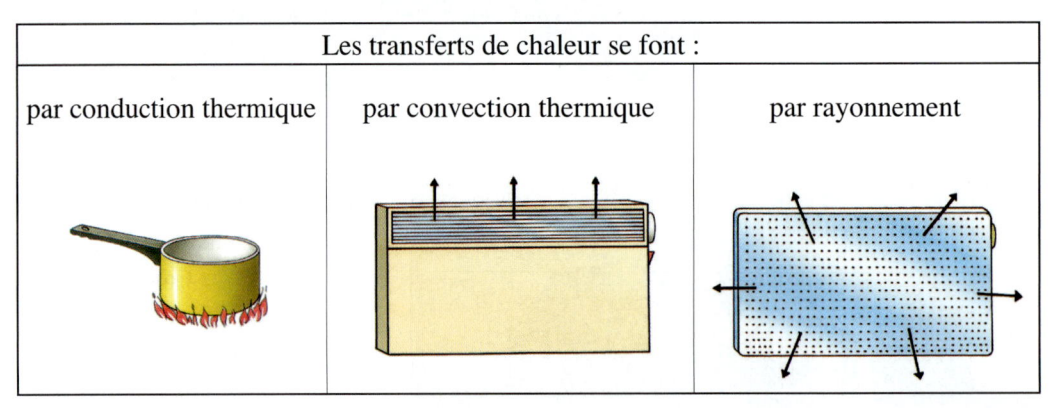

Les transferts de chaleur se font :		
par conduction thermique	par convection thermique	par rayonnement

Certains matériaux conduisent mieux la chaleur que d'autres : on les appelle matériaux conducteurs de chaleur.

Les transferts de chaleur peuvent être ralentis. Une bouteille de thermos coupée en deux permet de comprendre pourquoi elle garde une boisson chaude ou froide plus longtemps.

Le vide ne conduit pas la chaleur, les surfaces argentées empêchent les pertes de chaleur par rayonnement.

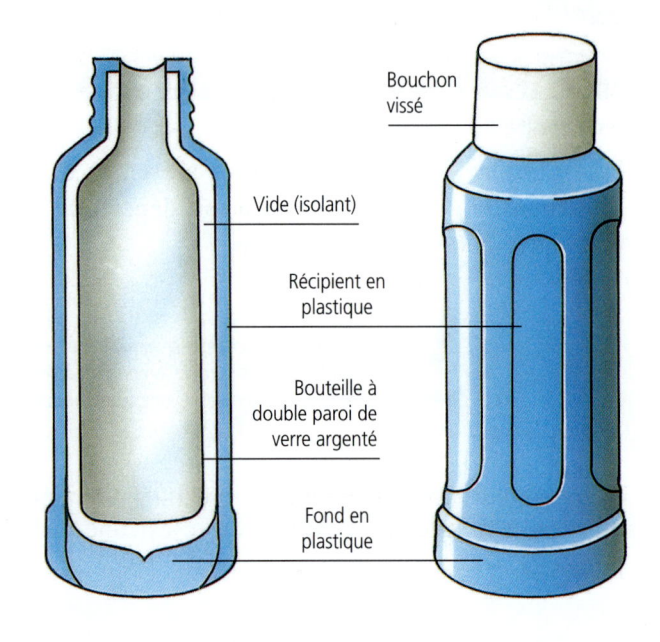

Bouchon vissé
Vide (isolant)
Récipient en plastique
Bouteille à double paroi de verre argenté
Fond en plastique

Sais-tu que... On porte des vêtements de laine en hiver car la laine est un bon isolant qui « garde la chaleur » du corps.

Limiter les échanges de chaleur

La thermographie

La thermographie est une photographie prise avec une pellicule sensible au rayonnement infrarouge. L'infrarouge détecte le dégagement de chaleur.

La thermographie permet de repérer les points où se font les pertes de chaleur.

Sur cette photo, les couleurs ne correspondent pas à la réalité mais elles sont codées pour nous permettre de constater les différences de températures et les pertes de chaleur.

L'isolation thermique et les économies d'énergie

Pour limiter les échanges de chaleur et diminuer la consommation d'énergie, on utilise des matériaux isolants. Par exemple, sur la photo, on place de la laine de verre (matériau isolant), pour éviter que la chaleur de la maison ne parte à l'extérieur. Sans isolation thermique, la maison se refroidirait.

La chaleur se propage spontanément du corps le plus chaud vers le corps le plus froid jusqu'à ce que leurs températures soient identiques. Il existe des matériaux conducteurs de la chaleur et des matériaux isolants.

LE CIEL ET LA TERRE

La lumière et les ombres

Les sources de lumière

Sur le tableau, la source de lumière est une bougie. C'est une source artificielle, comme les lampes à incandescence que tu utilises pour t'éclairer à la maison. Le soleil est une source de lumière naturelle.

Pourquoi je vois un objet ?

Sur le tableau, on distingue des parties éclairées et d'autres qui ne le sont pas. Les objets éclairés par la flamme renvoient la lumière. Les objets qui ne reçoivent pas la lumière de la flamme se voient mal.

Saint-Joseph charpentier : tableau de Georges de La Tour (1593-1652).

Comment se déplace la lumière ?

Dans la forêt, les rayons du soleil semblent suivre des lignes droites.

La lumière émise par le laser donne des faisceaux parfaitement rectilignes.

84

La lumière et les ombres

Comment se forment les ombres ?

L'ombre se forme lorsqu'un objet opaque se trouve sur le trajet de la lumière qui vient d'une source.

Sur la Lune, l'ombre de cet astronaute est parfaite. Elle est projetée sur le sol du côté opposé au soleil.

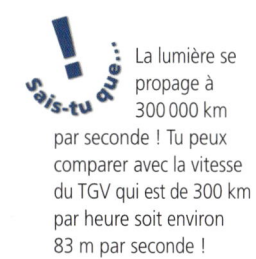

Les premiers pas d'un homme sur la Lune

Sais-tu que... La lumière se propage à 300 000 km par seconde ! Tu peux comparer avec la vitesse du TGV qui est de 300 km par heure soit environ 83 m par seconde !

Sur la Terre, nous avons une ombre. Elle est très visible lorsqu'il y a du soleil. On peut même avoir plusieurs ombres quand il y a plusieurs sources de lumière, comme pour cette gymnaste.

La lumière issue d'une source se déplace suivant un chemin rectiligne. L'ombre d'un objet opaque est la zone qui ne reçoit pas de lumière de cette source. Pour qu'un objet soit vu, il faut que la lumière réfléchie par cet objet entre dans l'œil.

LE CIEL ET LA TERRE

Questions de direction !

Horizontale, verticale

La surface d'un liquide est toujours horizontale, même si le récipient qui le contient est incliné.

Pour assurer l'horizontalité de ses constructions, les menuisiers utilisent un niveau à bulle.
Le niveau à bulle est rempli presque complètement d'un liquide. Il reste juste une petite bulle d'air qui permet de régler l'horizontalité. Elle doit se trouver au milieu de l'instrument.

Remarquer le niveau de l'eau dans la bouteille.

Un niveau à bulle, pour s'assurer que l'étagère est bien droite.

Le fil à plomb indique la direction verticale : c'est la direction du centre de la Terre. En tout point la direction verticale est perpendiculaire à l'horizontale. Lorsque le maçon construit une maison, pour s'assurer que les murs seront bien droits, il utilise un fil à plomb.

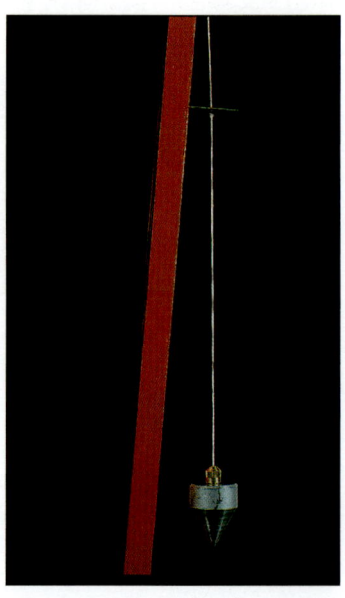

Le fil à plomb donne la verticale du lieu.

Questions de direction !

Histoire de boussoles

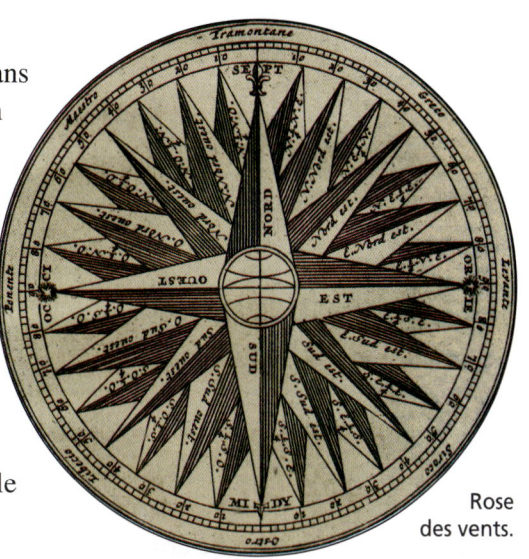

Pour bien s'orienter sur la terre, la mer ou dans le ciel, lorsqu'il n'y a pas de repères, on utilise une boussole qui indique les différents points cardinaux : le Nord, le Sud, l'Est et l'Ouest.

La rose des vents indique non seulement les 4 principaux points cardinaux mais aussi les directions intermédiaires, NE, NO, SE et SO. Elle permet aux navigateurs d'affiner leur route et aux météorologistes de bien connaître la direction du vent, ce qui est indispensable pour les prévisions météorologiques.

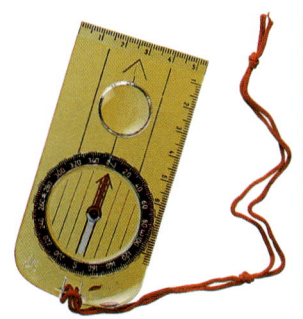

Rose des vents.

Utiliser la boussole pour lire une carte.

La boussole inventée par les Chinois il y a plus de 4000 ans était constituée d'une petite pièce aimantée flottant sur l'eau. Elle indiquait la direction du Nord.

Par déduction, on connaissait les autres directions. Le Nord correspond à peu près à la direction du pôle Nord de la Terre.

Toutes les boussoles sur la Terre indiquent la même direction, c'est le seul moyen pour ne pas se perdre lors de randonnées.

Pour être efficace, la boussole doit être toujours horizontale.

Les boussoles utilisées dans les voitures ou les avions sont appelées des compas. Ils baignent dans un liquide, cela leur permet d'être toujours dans un plan horizontal.

Un compas de bateau.

Sais-tu que... Les boussoles sont constituées d'une aiguille aimantée qui indique le Nord. Mais il faut faire attention de ne pas avoir à proximité un élément en fer ou un aimant qui pourrait fausser le résultat.

87

LE CIEL ET LA TERRE

Du sténopé à l'appareil photo numérique

La chambre noire ou sténopé

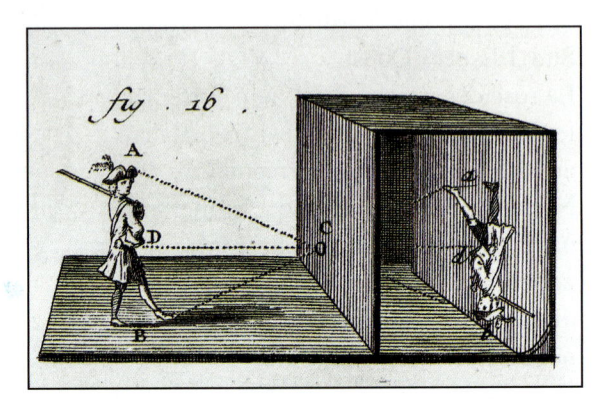

La chambre noire est l'ancêtre de l'appareil photographique. On avait remarqué que la lumière réfléchie par un sujet très éclairé, en pénétrant par le petit trou d'un mur d'une pièce obscure, projette une image inversée sur le mur opposé. Ceci, parce que la lumière se propage en ligne droite.

Les premiers sténopés ne se composaient que d'une boîte percée d'un trou à l'avant et d'un écran translucide à l'arrière sur lequel on plaçait une plaque.

Daguerre est considéré comme l'inventeur de la photographie

Au sténopé le plus simple, Daguerre a ajouté un objectif à la place du trou. L'image se forme à l'envers sur le fond de l'appareil sur lequel on place une plaque sensible à la lumière (photosensible).

Les photos étaient excellentes, à condition de laisser un temps d'exposition très long. Peu de lumière pénétrait au même moment.

Daguerréotype inventé par Daguerre (1787 - 1851).

L'appareil photo à soufflet

Cet appareil à soufflet marque une évolution puisque l'on peut faire varier la distance entre l'objectif et la plaque photographique. En adaptant l'appareil à la distance de l'objet que l'on veut photographier, l'image gagne en netteté. Mais il n'est pas possible de tout photographier.

Du sténopé à l'appareil photo numérique

L'appareil photo réflex

Cet appareil réflex est encore un peu plus sophistiqué : il a un viseur qui n'est pas situé dans l'alignement de l'objectif. L'œil du photographe voit tout de même ce qui est cadré par l'objectif, par un jeu de miroir.

Grâce à un système de bagues, on peut régler la distance et la quantité de lumière qui pénètre dans l'appareil. La plaque photosensible est remplacée par une pellicule photo.

L'appareil photo « instamatic »

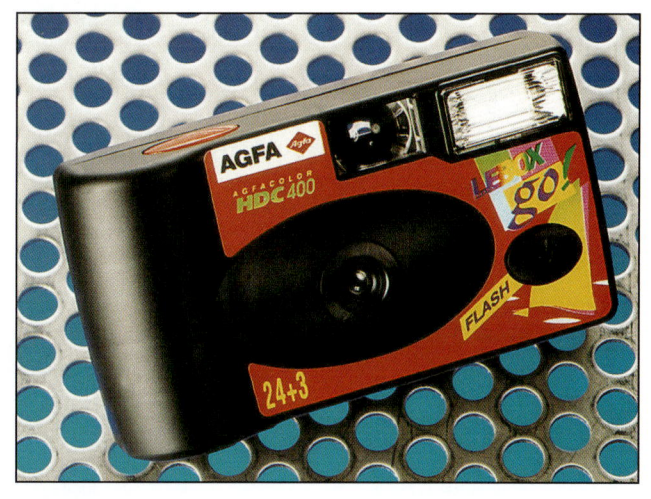

Dans la deuxième partie du XXe siècle, on revient à un appareil plus simple sur le plan du principe et de l'utilisation. Proche de la chambre noire, l'appareil moderne réserve parfois des surprises. Le photographe ne voit pas exactement ce que sera sa photo…

Cet appareil s'appelle un « instamatic ». Depuis une dizaine d'années, les appareils sont devenus jetables. Certains sont étanches et permettent de faire d'excellentes photos dans toutes les conditions.

L'appareil photo numérique

Plus de pellicule, plus de viseur… Un écran permet de visualiser l'image numérisée que l'on prend.

Plus de développement : l'appareil se branche directement sur un ordinateur.

On peut modifier l'image comme on veut, avant de l'imprimer.

LE CIEL ET LA TERRE

La Terre est un manège

L'alternance des jours et des nuits

Tous les points du globe terrestre ne sont pas éclairés en même temps par la lumière du Soleil. Quand il fait jour en France, il fait encore nuit en Amérique (voir les fuseaux horaires, pages 112-113). L'Asie s'appelle le pays du Soleil levant car le Soleil s'y lève avant de se lever en Europe.

Ce montage photographique permet de distinguer où il fait jour et où il fait nuit sur la Terre.

Le mouvement apparent du Soleil

Observation directe

Observé depuis la Terre, le Soleil semble parcourir tout au long de la journée un arc de cercle. C'est ce que l'on appelle le mouvement apparent du Soleil. En réalité, c'est la Terre qui tourne autour du Soleil.

Image fragmentée du Soleil de minuit, en Norvège.

Observation à partir de l'ombre d'un bâton

L'ombre du bâton se trouve dans la direction opposée au Soleil. Elle se déplace au cours de la journée. Par exemple, le matin, l'ombre du bâton est dirigée vers l'Ouest. L'ombre la plus petite indique le Nord, c'est le moment où le Soleil est le plus haut dans le ciel. On dit qu'il est midi solaire.

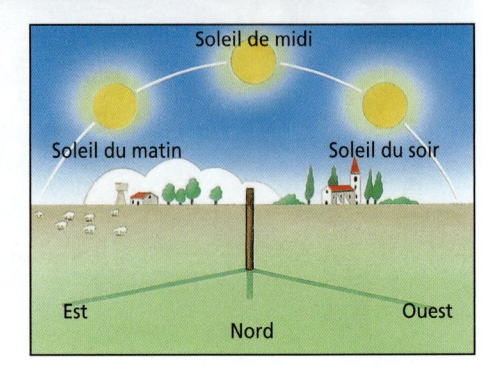

La Terre est un manège

Le mouvement apparent des étoiles

La nuit, les étoiles situées au-dessus de l'hémisphère nord semblent tourner autour de l'étoile polaire. Pour obtenir cette photo, il faut laisser l'appareil en « pause ». Les traces lumineuses des étoiles correspondent aux trajectoires décrites par les étoiles pendant le temps de pause.

L'heure n'est pas partout la même

Quand il est midi à Paris, il est déjà 12 h 22 à Strasbourg et seulement 11 h 33 à Brest. Seuls les points situés sur un même méridien sont à la même heure solaire (voir carte pages 112-113). Par commodité, on a décidé que l'heure de la montre serait la même partout en France.

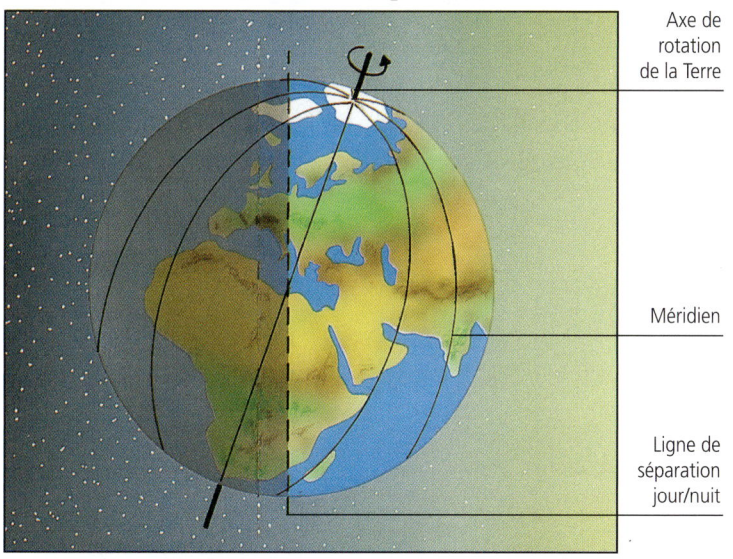

Quand il est midi à Hong-Kong, il est 7 heures à Moscou, 5 heures du matin à Paris et 11 heures du soir à New York.

Sais-tu que... Au XVIIe siècle, Galilée, un savant italien qui inventa la première lunette astronomique, fut condamné à mort parce qu'il affirmait que la Terre tournait. Pour éviter l'application de la sentence, il est revenu sur son affirmation. Mais jusqu'à sa mort il a déclaré : « Et pourtant, elle tourne ! »

La Terre tourne sur elle-même ! Le mouvement apparent du Soleil et le mouvement apparent des étoiles sont tous deux dûs au mouvement de la Terre autour d'un axe fictif passant par ses deux pôles. La Terre met 24 heures pour effectuer une rotation autour de son axe.

LE CIEL ET LA TERRE

La course de la Terre pendant une année

Le mouvement apparent du Soleil au cours de l'année

Les trajectoires apparentes du Soleil varient selon les saisons.

Le soleil à midi
en automne...   en hiver...   au printemps...   et en été.

Les dessins montrent que le Soleil n'a pas la même trajectoire apparente aux différents moments de l'année. C'est ce que l'on appelle les saisons. En France, on distingue quatre saisons. Le Soleil se lève toujours du côté de l'Est et se couche plutôt du côté de l'Ouest.

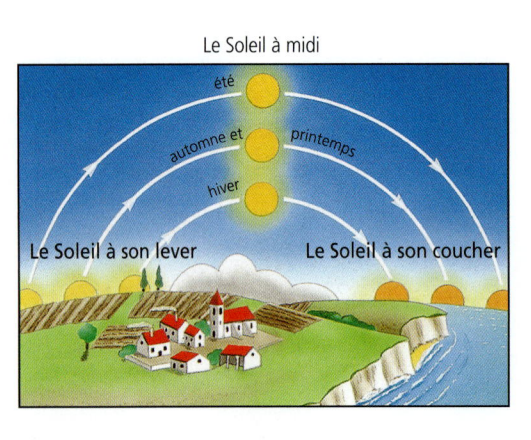

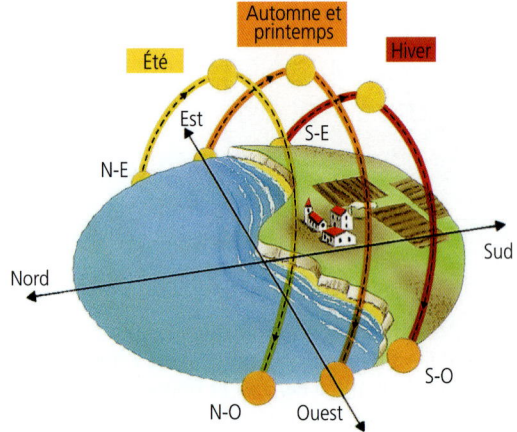

En France, c'est seulement le premier jour du printemps et le premier jour de l'automne que le Soleil se lève à l'Est et se couche à l'Ouest. En hiver, il se lève au Sud-Est et se couche au Sud-Ouest. L'été, il se lève au Nord-Est et se couche au Nord-Ouest.

D'un jour à l'autre, la position du lever du Soleil change.

La course de la Terre pendant une année

La rotation de la Terre autour du Soleil et les saisons

En France, la durée du jour et la durée de la nuit varient au cours de l'année.

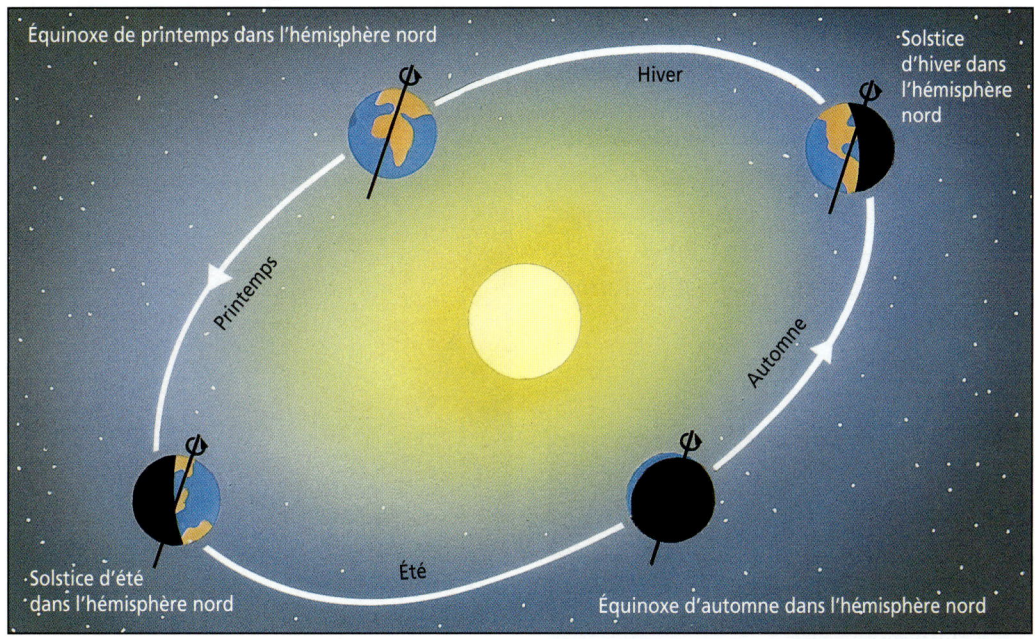

L'orbite de la Terre autour du Soleil.

Si l'axe de rotation de la Terre n'était pas incliné par rapport à son orbite autour du Soleil, la durée des jours serait égale à la durée des nuits. Comme l'axe de rotation est incliné, la durée du jour n'est pas toujours la même.

Il fait plus chaud en été qu'en hiver parce que les rayons du Soleil sont moins inclinés.

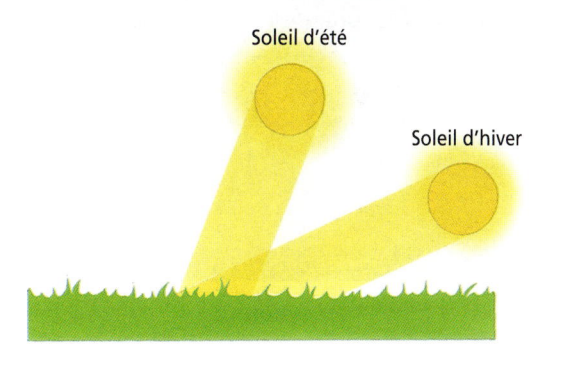

Dans l'hémisphère nord :

		Durée du jour
21 juin	Solstice d'été	la plus longue
21 décembre	Solstice d'hiver	la plus courte
22 mars	Équinoxe de printemps	égale à la durée
23 septembre	Équinoxe d'automne	de la nuit

La Terre a deux mouvements simultanés d'Ouest en Est. Elle tourne autour d'un axe fictif passant par les pôles. Elle tourne autour du Soleil suivant une orbite qui a la forme d'une ellipse. La Terre effectue une révolution complète autour du Soleil en 365,25 jours.

LE CIEL ET LA TERRE

Notre étoile : le Soleil

Le Soleil

Le Soleil nous éclaire et il nous réchauffe. Il est très brillant.

Le Soleil est une étoile semblable à celles que nous pouvons observer la nuit lorsque le ciel est dégagé. C'est une sphère de gaz très chaud. Cette sphère émet de la lumière, de la chaleur et d'autres formes d'énergie.

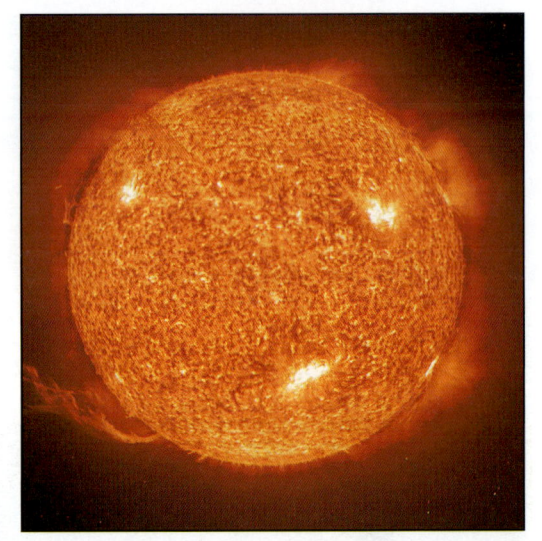

Le coronographe est un appareil qui permet d'observer le Soleil. Sur cette photo, on voit bien les turbulences du Soleil.

L'observation directe est dangereuse pour les yeux.

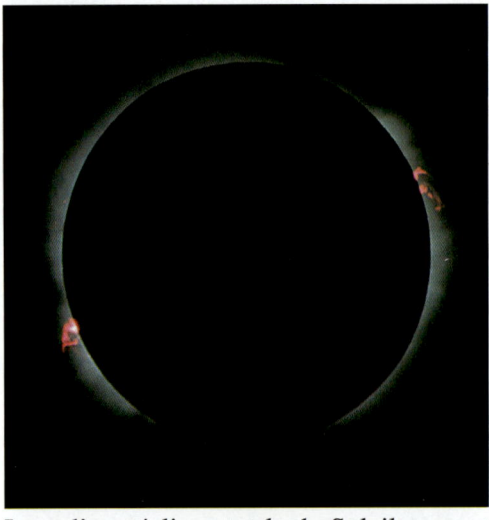

Lors d'une éclipse totale du Soleil on peut bien observer la couronne solaire.

Sais-tu que… Le système solaire s'est formé il y a environ cinq milliards d'années. Le Soleil a consommé à peu près la moitié de son combustible : l'hydrogène. Il lui reste donc encore autant d'années à vivre. Mais attention, le jour où il s'éteindra… la vie ne pourra plus exister sur la Terre.

Les neuf planètes de notre système solaire

Les pages 98 et 99 représentent le système solaire et donnent les caractéristiques des neuf planètes qui gravitent autour de notre Soleil. Elles se répartissent ainsi :
- les plus petites et les plus proches du Soleil sont appelées « planètes telluriques » (Mercure, Vénus, la Terre et Mars). Elles ont un sol constitué de roches ;
- les planètes plus éloignées du Soleil possèdent des anneaux. Ce sont Jupiter, Saturne, Uranus et Neptune. Elles sont appelées « planètes géantes » à cause de leur taille. Elles sont composées de gaz, principalement d'hydrogène et d'hélium ;
- Pluton est la planète la plus éloignée et la plus mal connue.

Notre étoile : le Soleil

Le Big Bang

Le Big Bang est une théorie qui permet d'expliquer l'origine de l'Univers et du système solaire. Selon cette hypothèse, une formidable explosion a eu lieu il y a 15 milliards d'années.

10 milliards d'années plus tard le système solaire se formait. D'abord le Soleil, puis, 3 à 400 millions d'années après, la Terre et les planètes.

800 millions d'années plus tard la vie apparaissait sur la Terre (voir pages 36-37).

Il a fallu attendre encore 3 milliards 800 millions d'années avant que le premier homme apparaisse : l'*Homo sapiens* (voir pages 38-39).

Image de synthèse représentant le Big Bang.

La Terre est la planète la mieux placée du système solaire ! Elle n'est ni trop loin, ni trop près de notre étoile, le Soleil. Son climat est tempéré. Les nuits ne sont pas trop froides et les journées ne sont pas trop chaudes. Son atmosphère la protège des rayons nocifs du Soleil. On y trouve de l'eau à l'état liquide. Toutes ces caractéristiques ont permis à la vie de s'y développer et de s'y maintenir.

LE CIEL ET LA TERRE

Les représentations du systèm

La vision géocentrique de Ptolémée

Ptolémée (astronome grec vivant en Égypte au IIe siècle avant J.-C.), pense que le Soleil, la Lune et les autres planètes tournent autour de la Terre, sur des orbites circulaires.

Cette représentation correspond tout à fait à ce que l'on imagine lorsqu'on suit le parcours du Soleil au cours d'une année.

Pour Ptolémée, la Terre est au centre du monde (« géo » vient du grec *gè* : Terre).

Les représentations du système solaire

La vision héliocentrique de Copernic

Copernic (1473-1543), affirme que la Terre n'est pas le centre du monde, c'est une « illusion ». Selon lui, le Soleil est immobile, et c'est lui qui est au centre du monde (« hélio » vient du grec *hêlios* : le Soleil). Copernic n'a aucun moyen matériel pour prouver sa théorie. Ce modèle ne s'impose que deux siècles plus tard.

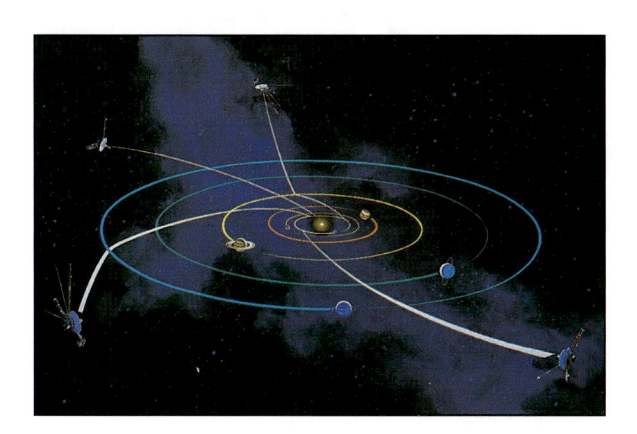

Ce que l'on sait aujourd'hui

Au XXe siècle, la représentation du système solaire est bien connue. Les sondes envoyées dans l'espace transmettent de nouveaux renseignements et font progresser les connaissances. Ces renseignements modifient et améliorent la connaissance des planètes et du Soleil.

LE CIEL ET LA TERRE

Les neuf planètes du systèm

Neuf planètes, dont la Terre, gravitent autour du Soleil tout en tournant sur elles-mêmes. Ces planètes sont de mieux en mieux connues grâce aux très puissants télescopes terrestres, et au télescope spatial Hubble. Différentes sondes automatiques voyagent dans l'espace et nous envoient de très précieuses informations.

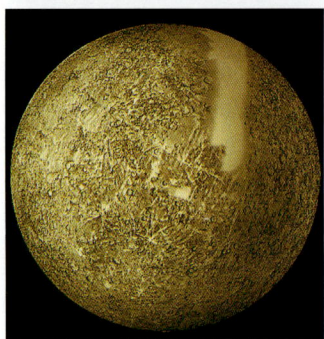

1. Mercure
- Distance au Soleil :
58 millions de km
- Diamètre : 4 878 km
- Durée d'une révolution : 88 jours
- Pas d'atmosphère, un sol criblé de cratères provoqués par l'impact de météorites et une température très élevée (jusqu'à plus de 400° C).

2. Vénus
(l'Étoile du Berger)
- Distance au Soleil :
110 millions de km
- Diamètre : 12 200 km
- Durée d'une révolution : 225 jours
- Atmosphère épaisse de gaz carbonique et une température très élevée (plus de 450°C).

3. Terre (notre « planète bleue »)
- Distance au Soleil :
150 millions de km
- Diamètre : 12 750 km
- Durée d'une révolution : 365 jours
- Atmosphère contenant de l'oxygène
- Températures tempérées :
de - 40°C à + 40°C

Sur l'illustration du système solaire, les nombres renvoient aux neuf planètes. En bleu : trajectoires d'une co

Les neuf planètes du système solaire

4. Mars (« la planète rouge »)
- Distance au Soleil :
2 228 millions de km
- Diamètre : 6 794 km
- Durée d'une révolution : 687 jours.
- Relief : grands déserts de cailloux, canyons, volcans, cratères
- Atmosphère contenant du gaz carbonique
- Température : de -123°C à + 30°C.

**6. Jupiter
(la plus grosse planète : environ 1000 fois la Terre)**
- Distance au Soleil :
780 millions de km
- Diamètre : 143 000 km
- Durée moyenne d'une révolution :
4 333 jours (soit 12 ans environ !)
- Température : de -150°C à plusieurs milliers de degrés

**7. Saturne
(la planète aux anneaux)**
- Distance au Soleil :
1 400 millions de km
- Diamètre : 120 000 km
- Durée moyenne d'une révolution :
10 760 jours (soit 29 ans environ)
- Température : environ -130°C

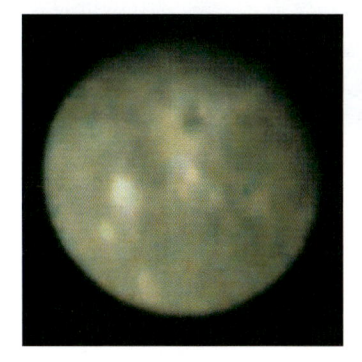

**8. Uranus
(la planète verdâtre et glacée)**
- Distance au Soleil :
2 900 millions de km
- Diamètre : 52 000 km
- Durée d'une révolution : 30 600 jours (soit 84 ans environ)
- Température moyenne : -170°C

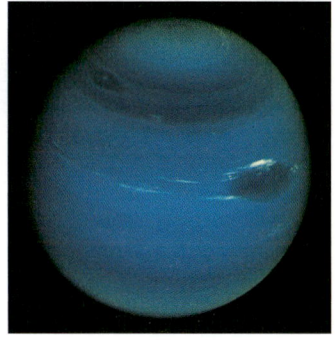

**9. Neptune
(appelée la planète bleue aussi à cause de la nature du gaz qui la compose)**
- Distance au Soleil :
4 500 millions de km
- Diamètre : 49 000 km
- Durée d'une révolution :
60 190 jours (soit 165 ans environ)
- Température : - 200°C

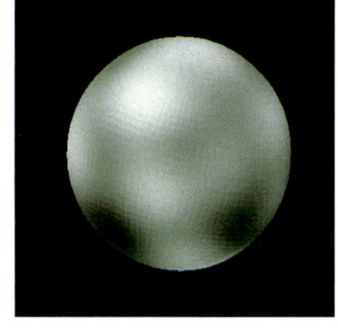

**10. Pluton
(c'est la planète la moins connue car très lointaine)**
- Distance au Soleil :
5 900 millions de km
- Diamètre : 3 000 km
- Durée d'une révolution :
90 700 jours (soit 248 ans environ)
- Température : -230°C

ète de Halley). Le nombre 5 désigne des Astéroïdes. À noter : toutes ces photographies ne sont pas à la même échelle.

LE CIEL ET LA TERRE

La Lune, satellite de la Terre

Les caractéristiques de la Lune

La Lune est l'unique satellite naturel de la Terre. Un satellite naturel est un astre qui tourne autour d'une planète.
La Lune fait le tour de la Terre en 27 jours et 8 heures. Dans le même temps, la Lune fait un tour sur elle-même : c'est pourquoi elle nous présente toujours la même face.
La Lune, comme la Terre, est éclairée par le Soleil.

Sur la surface visible de la Lune, on peut voir des cratères, des montagnes, des pierres et du sable. Le sol est pratiquement le même depuis 4 millions d'années car il n'y a pas d'érosion.

Le sol lunaire.

Les phases de la Lune

La Lune n'est pas toujours visible à la même place dans le ciel, ni à la même heure. Elle n'a pas toujours la même forme : elle change d'aspect (de phase). Il lui faut un peu moins d'un mois pour revenir à la même position par rapport au Soleil. Cette durée correspond au cycle des phases de la Lune. Ce cycle s'appelle la lunaison.

| Premier croissant | Premier quartier | Gibbeuse | Pleine Lune |

La Lune, satellite de la Terre

Les éclipses

L'éclipse de Lune

Il y a une éclipse de Lune, lorsque la Lune traverse l'ombre de la Terre. La Lune disparaît totalement (éclipse totale) ou en partie (éclipse partielle) pendant quelques minutes.

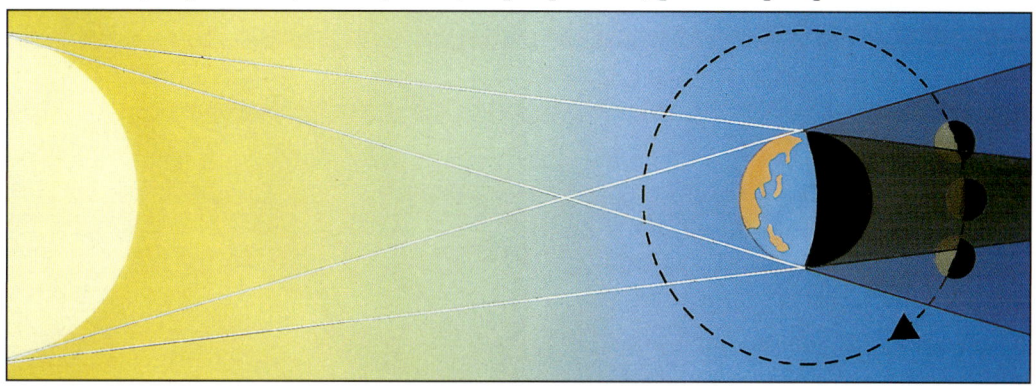

La Lune traverse le cône d'ombre de la Terre pendant l'éclipse de Lune.

L'éclipse de Soleil

Il y a une éclipse de Soleil, lorsque la Lune se place entre le Soleil et la Terre. La Lune peut cacher le Soleil tout entier : c'est une éclipse totale. Parfois, elle cache seulement une partie du Soleil : c'est une éclipse partielle. Une éclipse de Soleil dure environ une dizaine de minutes.

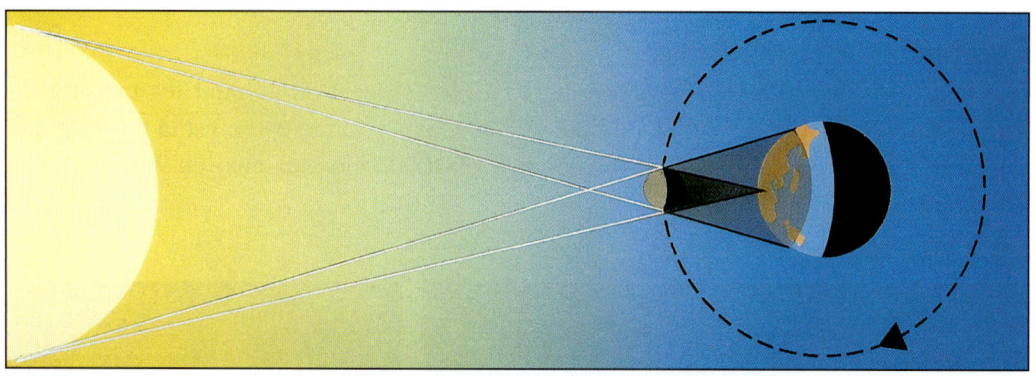

La Lune s'interpose entre le Soleil et la Terre pendant l'éclipse de Soleil.

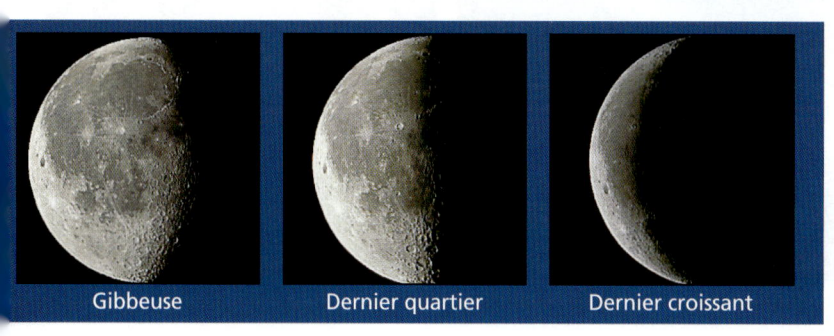

Gibbeuse | Dernier quartier | Dernier croissant

Les phases de la Lune et les éclipses sont dues à la façon dont la Terre, le Soleil et la Lune se déplacent les uns par rapport aux autres.

LE CIEL ET LA TERRE

Connaître l'Univers

L'Univers, c'est tout ce qui existe : toute l'énergie, toute la matière, tous les êtres vivants, toutes les planètes, toutes les étoiles, toutes les galaxies. L'Univers s'est formé au moment du Big Bang (voir page 95).

Les galaxies

Il existe une centaine de milliards de galaxies. Chacune est un ensemble de plusieurs milliards d'étoiles. Les plus lumineuses s'appellent quasars, les autres sont regroupées par milliers en amas de galaxies. Notre galaxie s'appelle la Voie lactée. C'est le long ruban blanchâtre que l'on peut voir dans le ciel par une belle nuit étoilée.

Il y des milliards d'autres soleils dans notre galaxie.

La Voie lactée.

Les unités astronomiques

Les distances sont tellement grandes dans l'Univers que l'on ne peut les mesurer en kilomètres. On y parle « d'année-lumière ». Une « année-lumière », c'est la distance que parcourt la lumière en une année à la vitesse de 300 000 km/s, soit environ 9 500 millions de kilomètres.

Une galaxie spirale comme la Voie lactée, vue de profil et de face.

Connaître l'Univers

Les étoiles et les constellations

À l'œil nu, on arrive à dénombrer jusqu'à 2 500 étoiles. L'étoile la plus proche de la Terre est Proxima du Centaure, située à environ 4,2 années-lumières de la Terre, c'est-à-dire presque 40 milliards de kilomètres ! Les étoiles semblent proches les unes des autres, en réalité nous regroupons les étoiles par des lignes imaginaires qui permettent de mieux les identifier et de suivre leur déplacement au cours de la nuit. Ce sont les constellations.

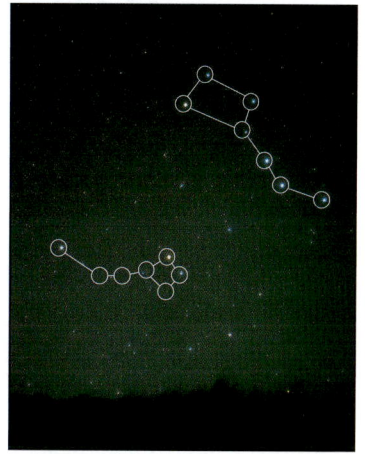

Des objets célestes

Il existe beaucoup d'éléments naturels qui se déplacent dans l'espace : comètes, astéroïdes, nébuleuses...

Le ciel de l'hémisphère nord avec l'étoile polaire, la Grande Ourse et la Petite Ourse.

Une comète est composée de gaz congelés, de glace et de poussières. Lorsqu'elle s'approche du Soleil, il se forme une queue de poussières éclairée par le Soleil.

Sais-tu que... La lumière du Soleil met huit minutes à nous parvenir. Les astronomes voient parfois dans leurs instruments des étoiles qui sont déjà mortes. Leur lumière peut mettre plusieurs centaines d'années à nous parvenir !

Une nébuleuse est un nuage froid de gaz et de poussières illuminé par les étoiles qui flotte dans l'espace.

Un astéroïde est un morceau de matière. Une météorite est un débris d'astéroïde.

La comète de Hale-Bopp.

Un astéroïde.

La nébuleuse en forme de Tête de Cheval dans la constellation d'Orion.

L'univers est infini. L'univers est infiniment grand. Il contient un nombre infini d'objets célestes et d'astres. On n'a pas encore pu atteindre ses limites.

LE CIEL ET LA TERRE

Aller dans l'espace

La force de pesanteur nous maintient sur la Terre. Pour y échapper, il faut beaucoup d'énergie. De plus, l'espace est un milieu hostile où il ne fait pas bon vivre. Pourtant l'homme a toujours voulu le découvrir.

La conquête des airs

Depuis l'Antiquité jusqu'au XXe siècle, les hommes ont rêvé de voler en imitant les oiseaux et ont voulu percer les secrets de l'Univers… Pour quitter la Terre, ils ont imaginé de nombreuses solutions scientifiques et techniques : le ballon, puis l'avion et enfin la fusée ! Le 21 novembre 1783, pour la première fois, deux hommes voyagent dans les airs : Pilâtre de Rozier et le marquis d'Arlandes survolent Paris pendant 25 minutes à bord d'un globe aérostatique, l'ancêtre des montgolfières. Quand on chauffe de l'air dans le ballon, il s'élève parce qu'il devient plus léger que l'air ambiant.

Ascension d'un globe aérostatique (décembre 1783) en région parisienne.

Les premiers avions

Le ballon ne permettait ni d'aller très haut, ni d'aller très loin, ni de toujours revenir à son lieu de départ, à cause des vents. Après de nombreuses recherches et de nombreux essais, l'Homme a enfin construit des avions capables de voler ! Clément Ader, en 1890, s'envole quelques secondes à bord de l'Éole, premier engin aérien. L'aviation est née !
Cette gravure du *Petit Journal* représente Louis Blériot arrivant à Douvres le 25 juillet 1909 après la traversée de la Manche en aéroplane.

La première traversée aérienne du Pas-de-Calais.

Aller dans l'espace

Le lanceur européen Ariane et le centre de lancement de Kourou

Pour aller dans l'espace, l'Homme a ensuite construit des fusées. Les fusées ont deux fonctions. Elles assurent le transport de cargaisons (engins spatiaux, satellites ou sondes) entre le sol et l'espace ; elles donnent la vitesse nécessaire à la satellisation de ces engins (voir page 106). Pour fonctionner à la fois dans l'atmosphère et dans le vide de l'espace, le lanceur utilise la propulsion par réaction, grâce à des moteurs fusées. En 1973, l'Europe a décidé de réaliser le programme Ariane. Ariane est un lanceur qui évolue avec les découvertes scientifiques et techniques. Il est lancé depuis Kourou en Guyane, en Amérique du Sud. C'est un centre de tir bien situé, car très proche de l'équateur où la force de la pesanteur est faible. La mission d'Ariane est de mettre des satellites en orbite autour de la Terre. On lance une fusée chaque mois, si les conditions météorologiques le permettent.

Le lancement d'Ariane V à Kourou (Guyane).

La navette spatiale

Contrairement à la fusée que l'on ne récupère pas après sa mission, la navette, appelée aussi vaisseau spatial, revient sur Terre comme un avion. C'est donc à bord d'une navette qu'aujourd'hui des hommes sont envoyés pour des missions dans l'espace.

Sais-tu que... Des scientifiques très sérieux pensent qu'il existe peut-être d'autres civilisations dans l'Univers. On essaie de capter des signaux que d'éventuels extraterrestres pourraient nous envoyer. Les sondes Voyager I et II ont été lancées en 1977 avec à leur bord une petite plaque représentant l'espèce humaine.

L'homme a toujours voulu aller dans l'espace pour mieux le connaître. Il a mis au point des techniques de plus en plus perfectionnées pour aller toujours plus loin et toujours plus haut.

LE CIEL ET LA TERRE

L'espace, à quoi ça sert ?

Pour découvrir le système solaire et l'Univers, les hommes envoient des sondes dans l'espace. Ils y envoient aussi des satellites.

La satellisation

Un satellite artificiel est un engin capable de circuler et de fonctionner dans l'espace.

Comment hisser une masse de plusieurs tonnes au-dessus des nuages ?

Comment l'empêcher de retomber aussitôt sur le sol ?

Comment le maintenir durablement là-haut ?

Le lanceur qui transporte le satellite le pousse dans la bonne direction avec une force suffisante pour compenser la gravitation et l'empêcher de retomber sur Terre. Ainsi, il décrit une trajectoire autour de la Terre. On dit qu'il est satellisé.

Du caillou au satellite :
schéma simplifié de la satellisation.

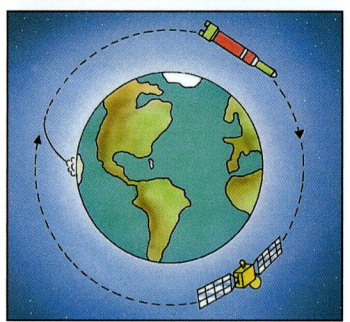

Les différentes missions des satellites

Plus de 3 000 satellites ont été envoyés dans l'espace. Pour assurer leur autonomie énergétique, ils sont alimentés par des panneaux solaires. La Station Spatiale Internationale (ISS) est un satellite artificiel qui gravite à environ 385 km de la Terre.

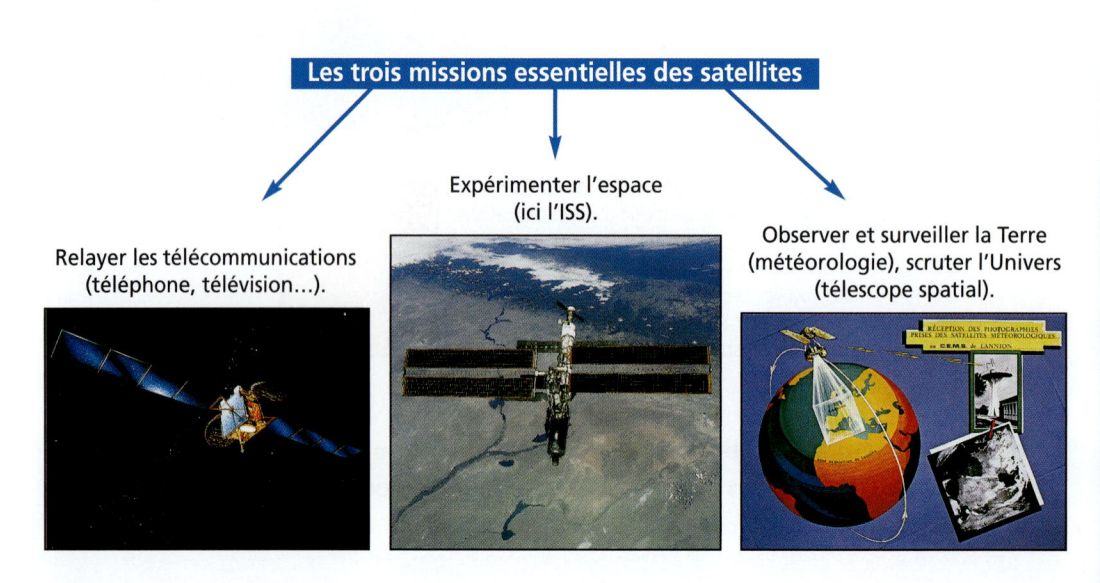

Les trois missions essentielles des satellites

Expérimenter l'espace (ici l'ISS).

Relayer les télécommunications (téléphone, télévision…).

Observer et surveiller la Terre (météorologie), scruter l'Univers (télescope spatial).

L'espace, à quoi ça sert ?

Une station orbitale

Lorsqu'un satellite est occupé par les hommes, on l'appelle le plus souvent station orbitale. La première station, Saliout était russe. Exploitée de 1971 à 1986, elle a été remplacée par la station Mir qui jusqu'en 2000 a reçu plus de 60 astronautes de tous les pays. L'ISS (Station Spatiale Internationale) est opérationnelle depuis l'été 2000. 16 pays ont participé à sa réalisation dont la Russie, les États-Unis, le Japon et la France. Ce laboratoire unique au monde peut recevoir 7 astronautes simultanément pour mener des expériences scientifiques en l'absence de pesanteur. Le second équipage qui a rejoint l'ISS en octobre 2001 avait pour ingénieur de bord une française : Claudie Haigneré !

La spationaute française Claudie Haigneré, première femme à bord de l'ISS.

Les satellites géostationnaires

Les satellites géostationnaires restent toujours dans la même position par rapport à la Terre et à la même altitude (36 000 km). Ils tournent au rythme de la Terre, qui fait un tour sur elle-même en 24 heures.

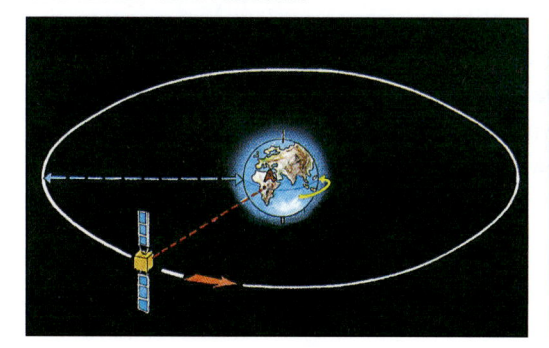

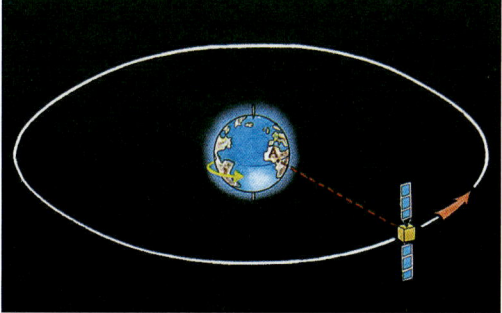

Sais-tu que... Comme les planètes, les vaisseaux spatiaux ne peuvent rester immobiles dans le vide interstellaire. Ils doivent graviter autour d'un autre corps céleste.

Les enjeux de la conquête de l'espace sont multiples : mieux connaître l'Univers, découvrir précisément le système solaire et connaître les limites de résistance de l'espèce humaine. On envoie aussi des satellites pour surveiller et connaître la Terre, et pour faciliter la communication des hommes sur Terre.

LE CIEL ET LA TERRE

Mesurer une durée

Pour agir, nous avons besoin de nous situer dans le temps. Nous ne sommes pas capables de savoir très précisément quelle est la durée d'un phénomène ou d'une action.

La clepsydre
Vers 1 400 avant J.-C., les Égyptiens ont inventé la clepsydre (ou horloge à eau). C'était un récipient percé et gradué. L'eau s'écoulait lentement et permettait de mesurer une durée.
Chez les Grecs, elle permettait aux orateurs de bénéficier du même temps de parole : le temps nécessaire au contenu d'une amphore pour s'écouler.

Clepsydre en terre cuite utilisée à Athènes dans les tribunaux.

Le sablier
Le sablier fonctionne sur le même principe que la clepsydre. Mais ici, le sable remplace l'eau. De nos jours, on utilise encore des sabliers pour évaluer la durée d'une action, comme cuire des œufs, par exemple.

Sais-tu que... Beaucoup d'expressions utilisent le terme « temps » :
« il est grand temps »,
« prendre son temps »,
« avoir tout le temps devant soi »,
« perdre son temps »,
« le temps perdu »,
« courir après le temps »…
En connais-tu d'autres ?

Horloges à bougie et à huile

Au Moyen Âge, on utilisait des bougies à perles. Chaque heure, une perle tombe car la bougie fond. On utilise aussi la combustion de la cire ou de l'huile pour connaître le temps écoulé.

Le chronomètre

Aujourd'hui, pour mesurer des durées très courtes, on utilise un chronomètre allant de la seconde au 1/100e de seconde. Le chronomètre est indispensable dans les compétitions sportives pour connaître le vainqueur et les records battus !

Une horloge à huile du XVIIIe siècle. Les graduations permettent de savoir la quantité d'huile qui a brûlé, donc de mesurer le temps qui s'est écoulé.

Un chronomètre moderne.

Clepsydre, sablier, horloge à bougie ne permettent pas de connaître l'heure exacte. Ils nous indiquent seulement la durée qui sépare deux instants. Les instruments pour mesurer le temps sont utiles pour connaître le temps nécessaire à la réalisation d'une activité : courses, temps de la récréation, temps de parole. Aujourd'hui, l'homme dispose de moyens de mesure des durées beaucoup plus précis, comme le chronomètre.

LE CIEL ET LA TERRE

Repérer l'heure

Le cadran solaire

Dès l'Antiquité, les hommes ont utilisé l'ombre d'un bâton appelé *gnomon* pour connaître l'heure. Il est l'ancêtre du cadran solaire. Ces instruments utilisent le mouvement apparent du Soleil (voir page 90). Quand la Terre tourne, l'ombre du style (la tige) se déplace sur le cadran et indique l'heure. Attention, il nous donne l'heure solaire. En France, il faut donc ajouter deux heures en été et une heure en hiver pour obtenir l'heure exacte.

Un cadran solaire sur un mur dans le sud de la France.

Sais-tu que... Cronos est le dieu du temps dans l'Antiquité grecque ! Fils du Ciel et de la Terre, ce dieu cruel dévore ses enfants comme le temps qui passe dévore les années. L'un d'eux, Jupiter, pour contenir la voracité de son père, l'enchaîne. Cronos est à l'origine de plusieurs mots en français : en connais-tu ?

Le mécanisme de l'horloge

C'est au XIIIe siècle qu'apparaissent les premières horloges mécaniques, à roues dentées, entraînées par des poids. On y ajoute, deux siècles plus tard, un balancier inspiré du principe du pendule découvert par Galilée.

Une horloge comtoise.

Le principe de la montre bracelet

Les premières horloges étaient immenses et installées dans les monuments publics.

Les premières montres (horloges miniatures) n'apparurent qu'au XVIe siècle. On y remplaça le poids par un ressort qu'il fallait remonter.

Ce n'est que depuis peu de temps, durant la seconde moitié du XXe siècle, que nous avons tous une montre à quartz à notre poignet. Dans une montre à quartz, le ressort est remplacé par une pile électrique qui permet au quartz de vibrer très régulièrement.

Le mécanisme d'une montre à aiguilles.

Une montre bracelet à quartz, à affichage digital.

Les unités de mesure du temps

L'unité de temps est la minute (min). Elle se compose de 60 secondes (s). Pour obtenir une heure, il faut 60 minutes.

La mesure des durées ne nous permet pas d'être à l'heure à nos rendez-vous. Il faut connaître l'heure avec davantage de précision. Les hommes ont mis leur ingéniosité au service d'appareils de mesure de plus en plus précis et de plus en plus petits, les montres.

Les fuseaux horaires

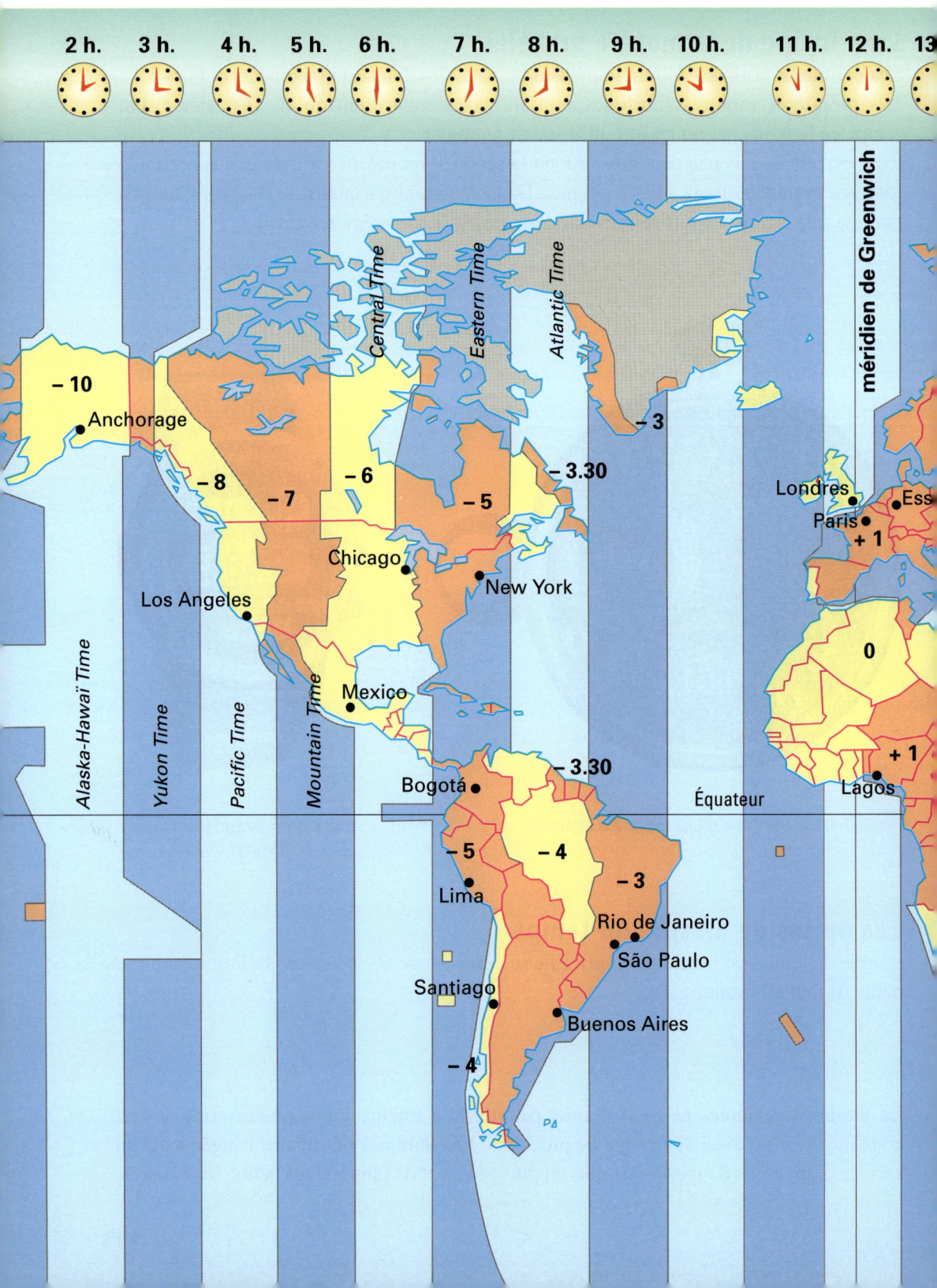

2 h. 3 h. 4 h. 5 h. 6 h. 7 h. 8 h. 9 h. 10 h. 11 h. 12 h. 13

méridien de Greenwich

− 10 Anchorage
− 8
− 7
− 6
− 5
− 3
− 3.30
Chicago
New York
Londres
Paris +1
Los Angeles
Mexico
0
+1
Lagos
Bogotá
− 3.30
Équateur
− 5 Lima
− 4
− 3
Rio de Janeiro
São Paulo
Santiago
Buenos Aires
− 4

Alaska-Hawaï Time
Yukon Time
Pacific Time
Mountain Time
Central Time
Eastern Time
Atlantic Time

| ligne de changement de date | zone sans heure légale | • grandes agglomérations |

3 000 km

| h. | 15 h. | 16 h. | 17 h. | 18 h. | 19 h. | 20 h. | 21 h. | 22 h. | 23 h. | 24 h. | 1 h. |

St-Pétersbourg +3
Moscou +4 +5
+7 +9 +10 +11 +12 +13 −10
Anchorage
+6 +8
Istanbul
Téhéran +4.30
Caire +3.30 +5 **Delhi** +8 **Pékin** • **Shenyang**
Tianjin **Séoul** **Tokyo**
+3 **Karachi** **Calcutta** **Dhaka** **Shanghai** **Osaka**
+5.30 +6.30 **Hong Kong** +9
Bombay **Hyderabad**
Madras **Bangkok** **Manille**

+3

Bering Time

Djakarta

+8 +9.30
+10

+12

Les heures légales décidées par les pays ne suivent pas toujours exactement les fuseaux horaires. Ceci explique la largeur différente des bandes.

LE CIEL ET LA TERRE

Les tremblements de terre

Des séismes, pourquoi ?

Chaque année, des milliers de tremblements de terre (séismes) se produisent dans certaines régions du monde (voir « Les séismes et les volcans », pages 118-119).

Heureusement, la plupart d'entre eux sont peu violents. C'est parce que l'écorce terrestre est constituée de gigantesques plaques, qui bougent très lentement les unes par rapport aux autres, qu'il y a des tremblements de terre.

Dans certaines régions de France, il peut y avoir des séismes, il faut s'y préparer.

Séisme à Arette, dans le sud de la France, le 13 août 1967, à 22 h 07 min.

Peut-on mesurer les tremblements de terre ?

Les sismographes enregistrent les moindres variations du sol. Lorsque le sol vibre fortement, le tracé du sismographe se modifie. La comparaison des tracés des sismographes situés dans les différents endroits du globe permet de définir la position de l'épicentre du séisme (lieu à la surface de la Terre où le séisme est le plus fort).

Un sismographe à l'observatoire de la Montagne Pelée, en Martinique, en cours d'enregistrement.

Les tremblements de terre

Comment lutter contre les séismes ?

Sur la photo, on voit que les immeubles construits de façon à résister aux séismes restent debout. L'autoroute s'est effondrée. Les constructions sans protection (non visibles sur ce document), aussi.

Séisme de Kobé, au Japon, le 15 janvier 1995.

Sais-tu que... Le mouvement des plaques formant l'écorce terrestre provoque l'écartement de l'Europe et de l'Amérique à la vitesse moyenne de 4 cm par an, alors que l'Afrique se rapproche de l'Europe.

Un tremblement de terre (ou séisme) est une série de secousses du sol plus ou moins violentes. Elles durent de quelques secondes à quelques minutes. Selon la profondeur et la distance de son foyer (point de départ), les dégâts peuvent être plus ou moins importants.

LE CIEL ET LA TERRE

Les éruptions volcaniques
Un exemple de volcan : le mont Saint-Helens aux États-Unis

2 mai 1980 : un volcan sommeille
Le Mont Saint-Helens, un volcan du nord-ouest des États-Unis, haut de 2 905 mètres, sommeille depuis 123 ans.

18 mai 1980, à 8 h 32 min : l'éruption

Les gaz sous pression font exploser le bouchon de lave solide qui ferme le cratère. Une « nuée ardente » brûle et dévaste tout sur son passage. L'explosion éjecte des gaz avec 400 millions de tonnes de matière. L'explosion fait fondre les 200 millions de tonnes de glace et de neige qui couvraient le volcan. Le panache de cendres s'élève jusqu'à 15 km de haut. Le bruit de l'explosion est entendu à 250 km de distance.

Un paysage dévasté
Après l'éruption, le sommet du volcan n'a plus que 2 550 mètres de hauteur.

Les éruptions volcaniques

Différents types d'éruptions volcaniques

Les éruptions volcaniques dépendent de la nature des roches en fusion et de la quantité de gaz qu'elles contiennent :
- si le magma est très liquide (roches fondues) et ne comporte que peu de gaz, des coulées de lave s'écoulent sur les pentes du volcan ;
- si la pression des gaz est très forte, c'est l'explosion, avec émission de gaz, de cendres et de bombes volcaniques. Cet ensemble forme une « nuée ardente ».

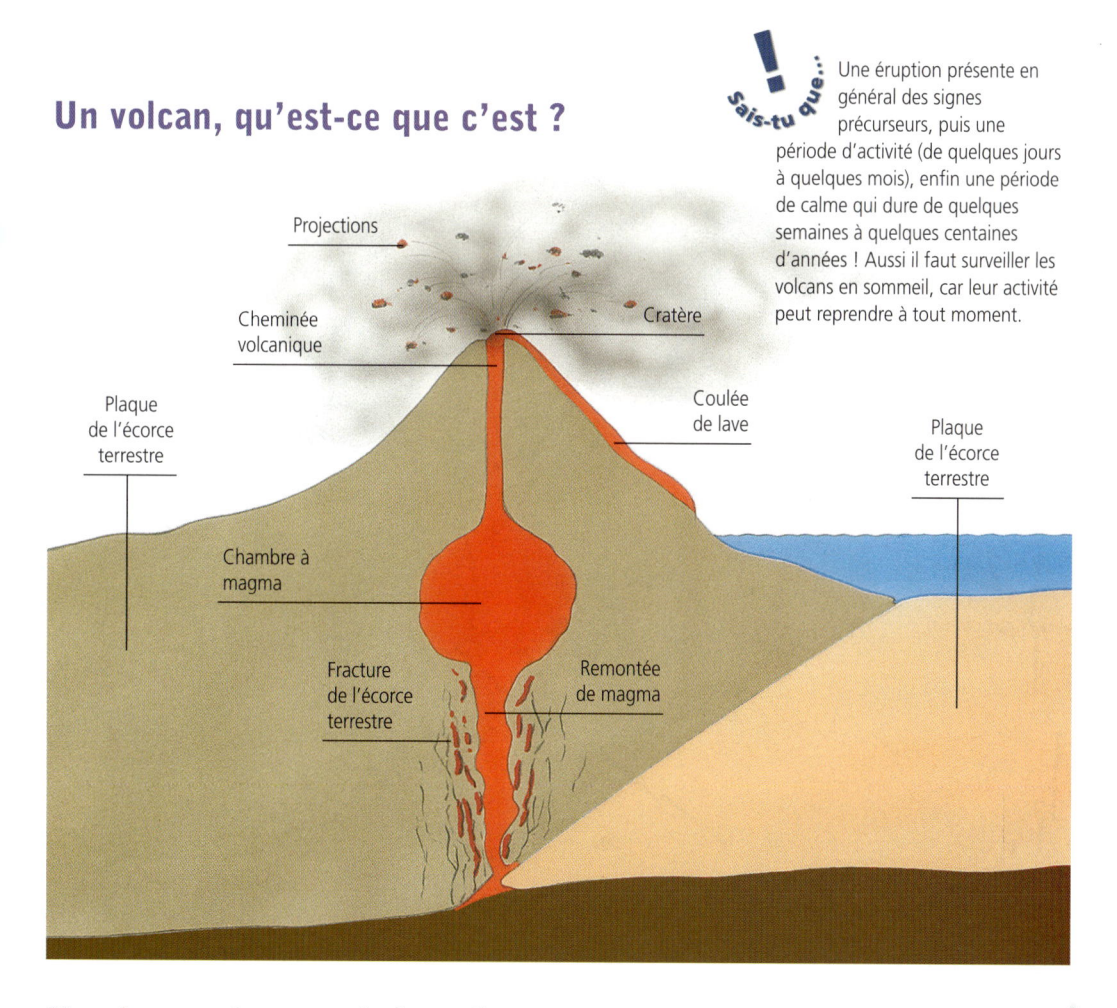

Un volcan, qu'est-ce que c'est ?

Sais-tu que... Une éruption présente en général des signes précurseurs, puis une période d'activité (de quelques jours à quelques mois), enfin une période de calme qui dure de quelques semaines à quelques centaines d'années ! Aussi il faut surveiller les volcans en sommeil, car leur activité peut reprendre à tout moment.

Légendes du schéma : Projections — Cheminée volcanique — Cratère — Plaque de l'écorce terrestre — Coulée de lave — Plaque de l'écorce terrestre — Chambre à magma — Fracture de l'écorce terrestre — Remontée de magma

Un volcan se présente sous la forme d'une montagne ou d'un cône au sommet duquel se trouve un orifice, le cratère. Plus on s'enfonce au centre de la Terre, plus la température augmente. À 1 000 °C, les roches fondent et forment ce que l'on appelle le magma. Le magma contient également des gaz. Lors d'une éruption volcanique, il monte à travers une fissure de l'écorce terrestre et s'échappe par le cratère.

Les séismes et les volcans dans

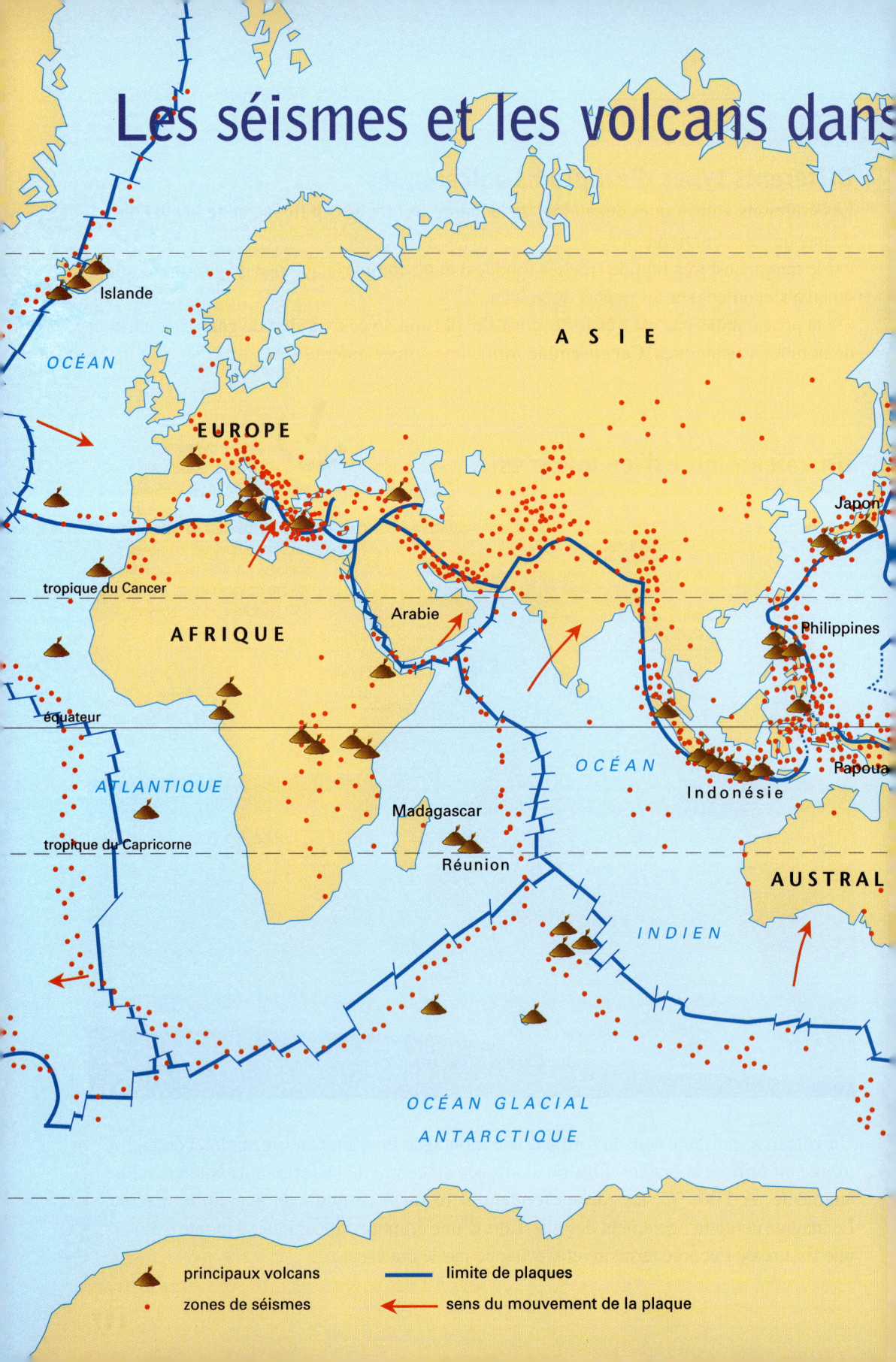

- ▲ principaux volcans
- • zones de séismes
- — limite de plaques
- → sens du mouvement de la plaque

Le monde

OCÉAN GLACIAL

Groenland

Alaska

Îles Aléoutiennes

AMÉRIQUE DU NORD

OCÉAN

Mexique

AMÉRIQUE CENTRALE

Antilles

Nouvelles-hébrides

Polynésie Française

AMÉRIQUE DU SUD

Nouvelle-Zélande

PACIFIQUE

ATLANTIQUE

5 000 km
échelle à l'équateur

ANTARCTIQUE

UN MONDE CONSTRUIT PAR L'HOMME

Il court, il court, le courant

Des lampes de poche
La lampe de poche permet de s'éclairer d'une façon autonome : elle est transportable. La lampe de poche comporte l'un des circuits électriques les plus simples : une pile, une lampe, un interrupteur, des plaques métalliques. Ce circuit est protégé dans un boîtier qui peut avoir plusieurs formes.

Des piles
La pile est un générateur de courant. Il y a différentes sortes de piles : bâtons, carrées, boutons (voir page 76). La pile a deux bornes : l'une positive et l'autre négative. On dit qu'elle est polarisée. Pour fabriquer une pile, il suffit de prendre une solution acide dans laquelle trempent deux métaux différents. C'est le cas de cette pile au citron. La solution acide ici est le jus de citron. Les métaux sont des lamelles en cuivre et en zinc. Ce pourrait être un simple clou en fer, une fourchette en aluminium...

La lampe à incandescence

La lampe à incandescence n'est pas la même pour une lampe de poche alimentée par une pile ou une lampe de bureau alimentée par la prise de courant.

Une lampe à incandescence se compose d'un culot et d'une ampoule de verre. Le culot est lui-même formé d'une vis en laiton et d'un plot en étain. Ces deux éléments sont séparés par de la bakélite. Dans la lampe à incandescence, le courant électrique passe par des fils conducteurs qui relient le plot en étain à la vis. Tous les autres éléments de la lampe sont des isolants qui ne conduisent pas le courant.

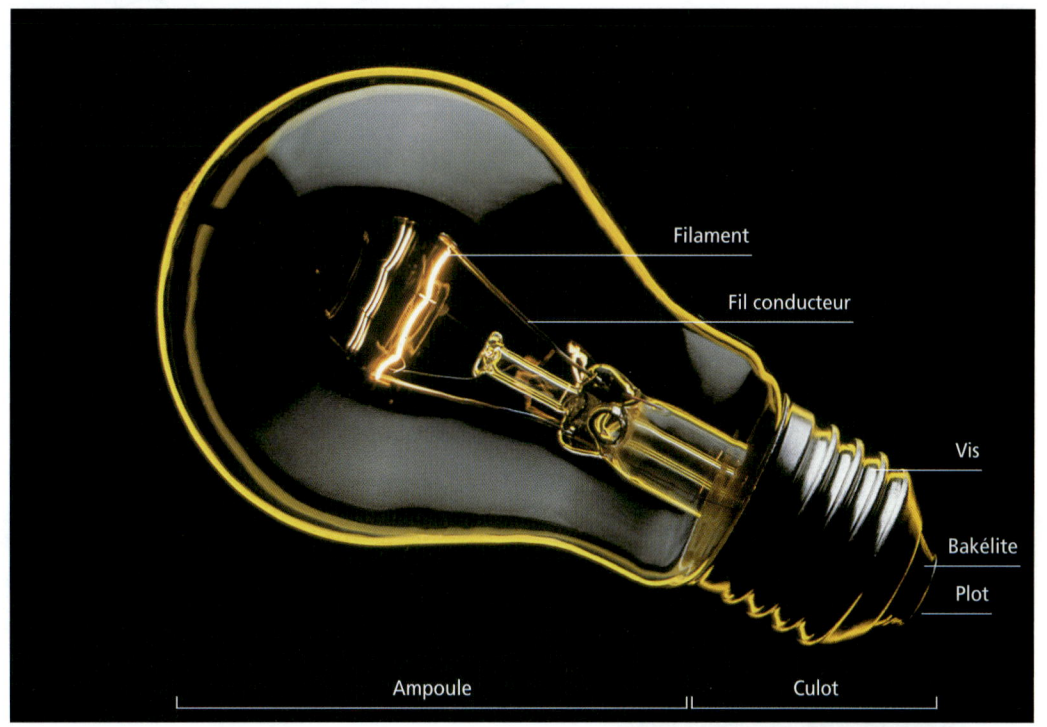

Sais-tu que... Vers 1793, l'italien Alessandro Volta pense que l'électricité provient du contact de deux métaux différents (fer et cuivre). Il superpose en pile des disques de métaux différents. Chaque couple de métaux est séparé par une rondelle de drap imprégnée d'eau salée. En touchant en même temps la première et la dernière rondelle, Volta obtient de l'électricité. Il vient d'inventer la pile électrique.

Un circuit électrique comprend un générateur et un ou plusieurs récepteurs reliés par des fils conducteurs.

Les chemins de l'électricité

Transformateur

Barrage hydroélectrique

Lignes à haute tension

Transformateur

Lignes de distribution de l'électricité

Alimentation électrique de la maison

UN MONDE CONSTRUIT PAR L'HOMME

Attention danger !

L'électricité peut être dangereuse

Chaque année, il y a en France des accidents dus à la mauvaise utilisation de l'électricité.

Attention ! Les expériences décrites dans cette page peuvent être réalisées avec une pile, mais pas avec la prise de courant.

Le corps humain est conducteur

Si on touche avec la langue les deux bornes d'une pile, on ressent un picotement. C'est la preuve que le corps humain est conducteur. Tu peux essayer ! Cette expérience n'est pas dangereuse car la pile n'a une tension que de 4,5 volts !

Le court circuit

Lorsque deux fils d'un circuit se touchent ou sont reliés par un élément conducteur, il y a un court circuit. Un court circuit peut provoquer un incendie. La laine d'acier placée entre les lames d'une pile provoque un court circuit et est portée à incandescence.

Sais-tu que... Les oiseaux peuvent rester sur les fils électriques sans être électrocutés parce qu'ils ne touchent qu'un fil à la fois. Les lignards sont des ouvriers de E.D.F. qui entretiennent les lignes électriques. Ils sont protégés pour les mêmes raisons.

124

Les protections électriques de la maison

Pour éviter les accidents matériels et corporels, les fils électriques sont toujours protégés par un isolant. Il existe différentes protections obligatoires.
- L'installation électrique est protégée par un disjoncteur qui coupe le courant général lorsqu'il y a un court circuit. Chaque partie de l'installation est elle-même protégée par des fusibles qui fondent et coupent le courant s'il y a un court circuit.

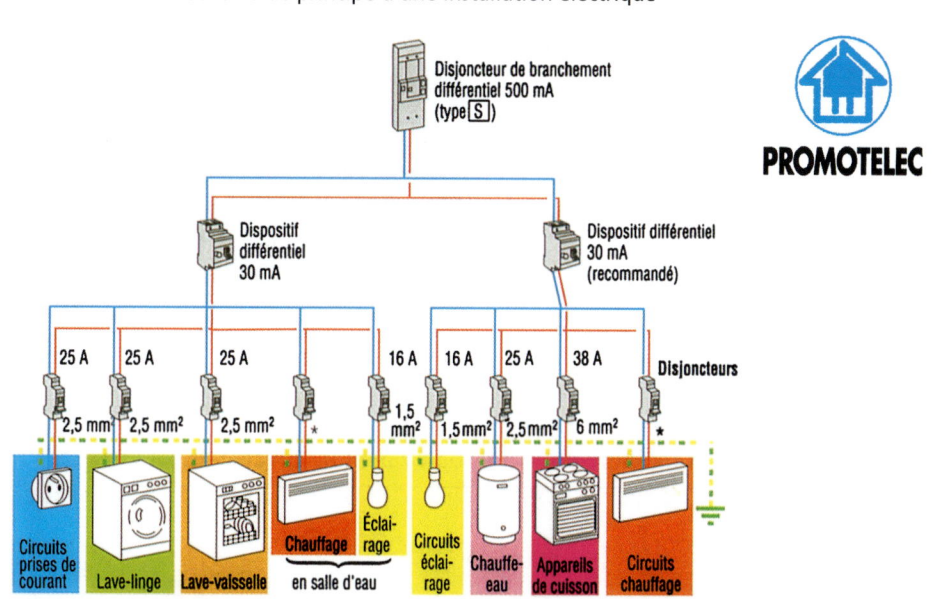

Schéma de principe d'une installation électrique

Disjoncteur de branchement différentiel 500 mA (type S)

PROMOTELEC

Dispositif différentiel 30 mA

Dispositif différentiel 30 mA (recommandé)

25 A | 25 A | 25 A | * | 16 A | 16 A | 25 A | 38 A — Disjoncteurs
2,5 mm² | 2,5 mm² | 2,5 mm² | | 1,5 mm² | 1,5 mm² | 2,5 mm² | 6 mm² | *

Circuits prises de courant | Lave-linge | Lave-vaisselle | Chauffage en salle d'eau | Éclairage | Circuits éclairage | Chauffe-eau | Appareils de cuisson | Circuits chauffage

(*) Section des conducteurs et intensité assignée des disjoncteurs fonction de la puissance des convecteurs.

- Les nouvelles prises de courant ne permettent plus aux enfants d'y mettre leurs doigts ou d'y enfoncer un objet métallique.
- La prise de terre permet d'éviter l'électrocution à l'utilisateur. Elle relie l'appareil à la Terre par un fil électrique plus conducteur que le corps humain.
- Les appareils électriques utilisés doivent porter le logo de la marque NF. Cela prouve que ces appareils sont aux normes de sécurité obligatoires. **NF** est la marque de la conformité aux normes françaises.
- Dans la salle de bains, les normes sont encore plus strictes.

Quelques règles de sécurité : ce qu'il ne faut pas faire !
- Toucher la partie métallique d'un fil électrique ;
- brancher sur une prise de courant un appareil qui fonctionne normalement sur pile ;
- utiliser un appareil électrique quand on est dans son bain ou que l'on a les mains mouillées.

UN MONDE CONSTRUIT PAR L'HOMME

Leviers et balances : vers l'équilibre

Des leviers pour nous aider
Tous ces objets de la vie quotidienne permettent d'effectuer une action sans effort excessif. Ils fonctionnent sur le principe du levier.

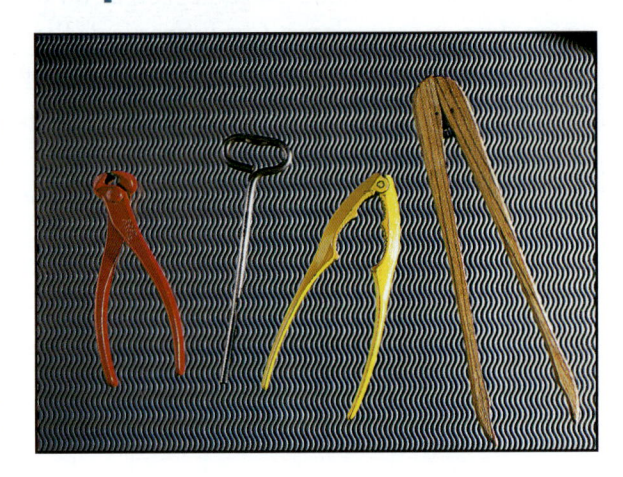

Pince coupante, décapsuleur, casse-noix, pince à cornichons.

Le principe du levier
Pour les aider à soulever les traverses des rails, les ouvriers utilisent un pied-de-biche. La force à exercer est moindre que s'ils soulevaient la traverse directement.

Travaux sur la voie ferrée.

Leviers et balances : vers l'équilibre

Des balances pour comparer
Le principe de la balançoire

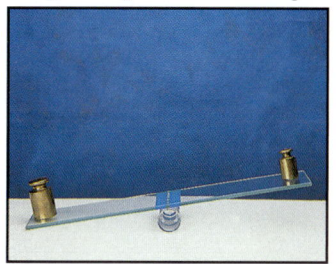

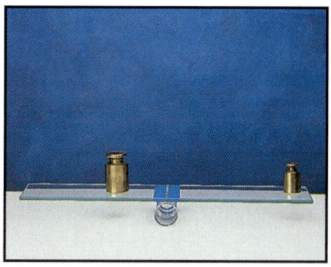

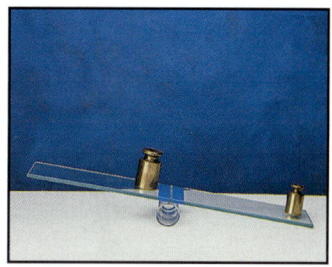

Suivant la position occupée sur le bras de la balançoire, la petite masse parviendra-t-elle ou non à soulever la grosse masse ? Comme elle est beaucoup moins lourde, elle doit être placée plus près de l'axe de rotation.

Le principe de la balance

La balance sert à comparer deux masses. Pour savoir combien pèse un objet, il faut réaliser l'équilibre des deux plateaux. Le fléau a deux bras égaux. À l'équilibre, il est horizontal.

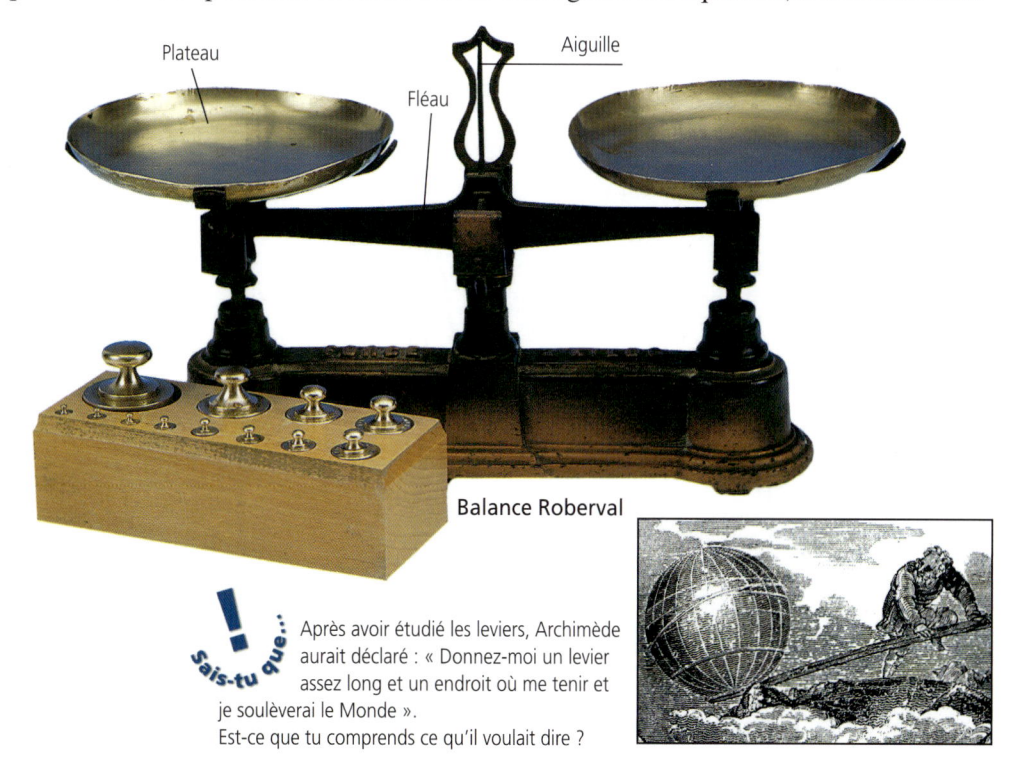

Plateau — Aiguille — Fléau

Balance Roberval

Sais-tu que... Après avoir étudié les leviers, Archimède aurait déclaré : « Donnez-moi un levier assez long et un endroit où me tenir et je soulèverai le Monde ».
Est-ce que tu comprends ce qu'il voulait dire ?

Pour soulever un objet lourd, on a deux solutions :
- exercer une grande force près de l'objet ;
- exercer une plus petite force mais en se plaçant à une plus grande distance de l'objet.

UN MONDE CONSTRUIT PAR L'HOMME

À chaque balance son usage

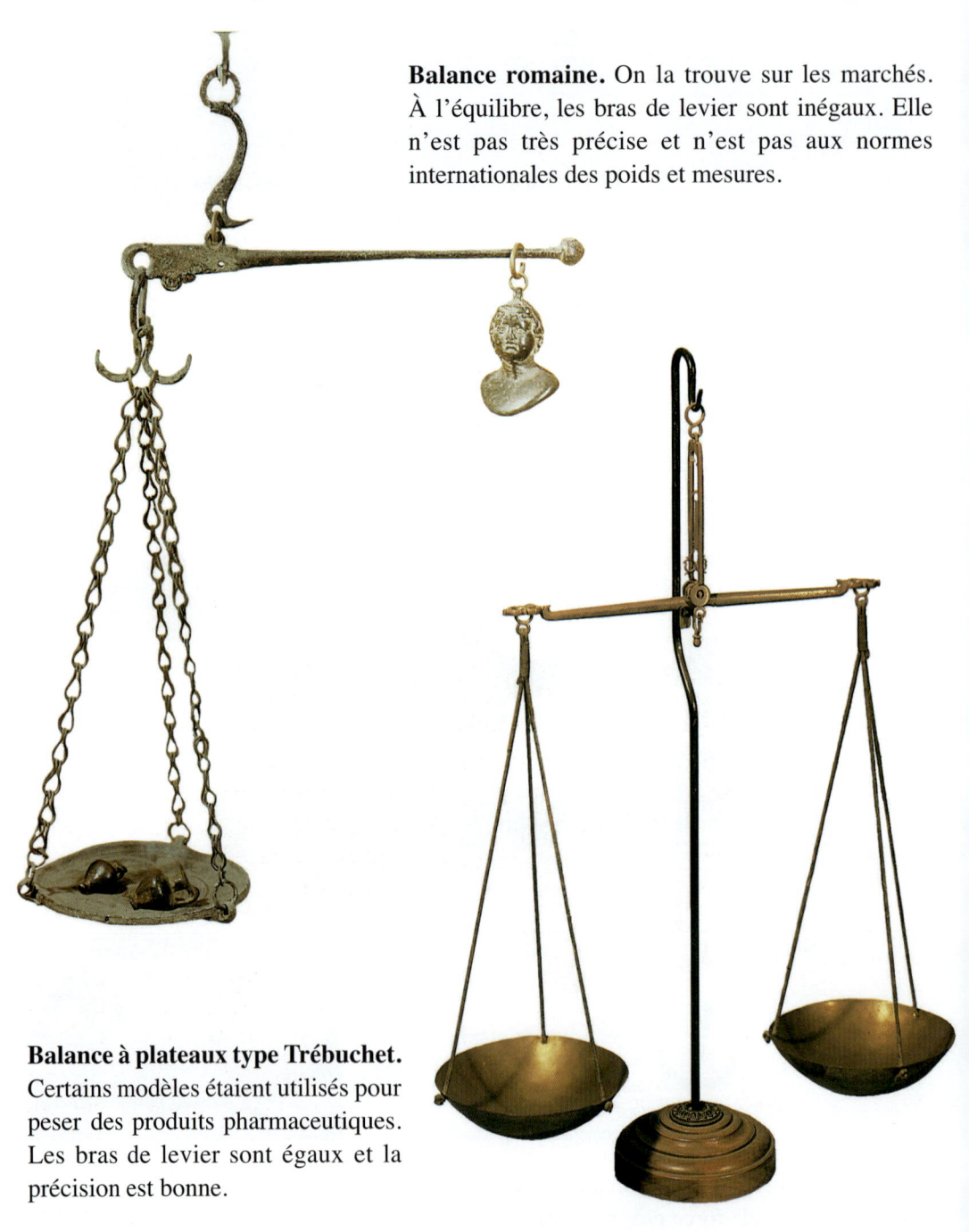

Balance romaine. On la trouve sur les marchés. À l'équilibre, les bras de levier sont inégaux. Elle n'est pas très précise et n'est pas aux normes internationales des poids et mesures.

Balance à plateaux type Trébuchet. Certains modèles étaient utilisés pour peser des produits pharmaceutiques. Les bras de levier sont égaux et la précision est bonne.

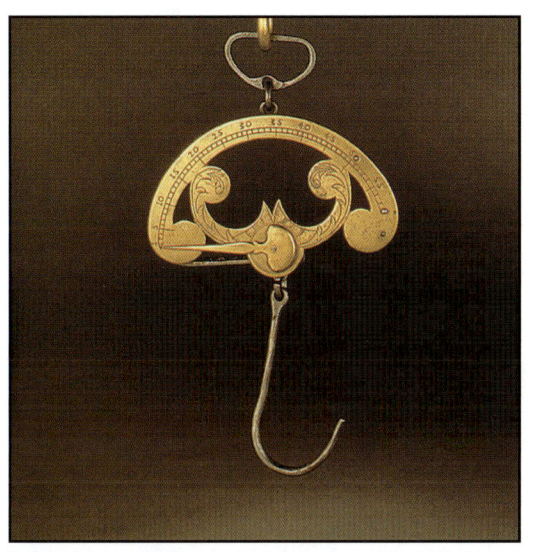

À chaque balance son usage

Peson à ressort. Le peson donne le poids de l'objet, sans grande précision.

Balance mécanique. Balance de commerce de détail traditionnelle. Elle date des années 1960.

Balance électronique. Elle indique automatiquement le poids et le prix en chiffres et en code barre, sur un ticket.

Le pèse-personne. C'est une balance plate qui indique le poids sur un écran gradué.

UN MONDE CONSTRUIT PAR L'HOMME

Objets en mouvement

De la draisienne au VTT

Depuis son origine, la bicyclette a beaucoup évolué dans sa forme, ses roues et son mouvement.

Dans la draisienne, tout est en bois : les roues, le cadre et le guidon. Pour avancer, il faut pousser l'appareil en prenant appui sur ses pieds au sol.

Le vélocipède comporte, lui, une petite roue arrière et une grande roue avant. Un pédalier est fixé sur cette grande roue.

Une draisienne, ancêtre du vélo.   Vélocipède.

Le VTT actuel (vélo tout terrain) est tout à fait différent. Le pédalier est relié à la roue arrière par une chaîne. C'est beaucoup moins fatigant !

Objets en mouvement

Du batteur mécanique...

Dans le batteur à œuf mécanique, il n'y a pas de chaîne pour transmettre le mouvement au fouet mais deux roues dentées qui s'emboîtent l'une dans l'autre : c'est un engrenage.

Il existe des engrenages plats ou à crémaillères, ou encore des engrenages coniques. Tous ces engrenages existent dans différents objets du quotidien : tire-bouchon, essoreuse à salade...

...au batteur électrique

Aujourd'hui, l'électromécanique a remplacé la mécanique. À la maison, on n'a presque plus d'appareils mécaniques. La force de la main a été remplacée par celle d'un moteur électrique. Mais à l'intérieur il y a toujours des engrenages ! Dans ce batteur électrique, l'électricité à remplacé la mécanique.

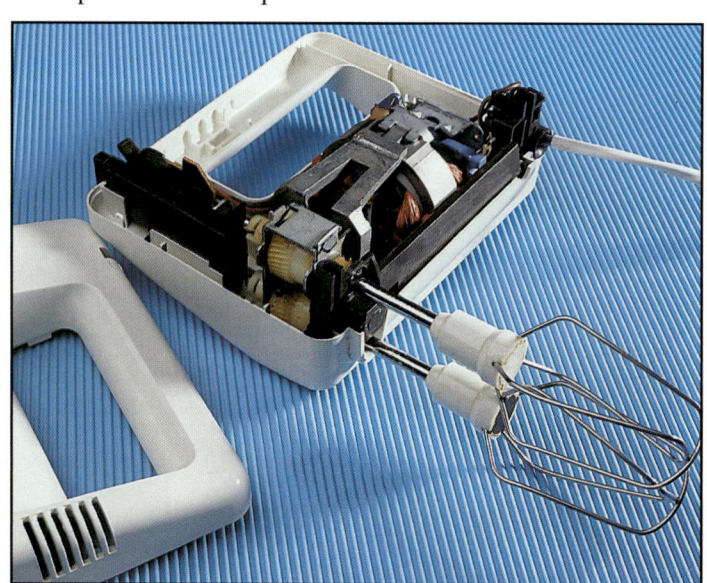

Batteur électrique ouvert.

L'homme a inventé des objets techniques pour faciliter son travail. Ainsi, il obtient un plus grand effet avec moins d'effort... C'est pourquoi il a inventé des systèmes de transmission du mouvement par chaîne, par courroie ou encore par engrenage ou par frottement.

LES TECHNOLOGIES DE L'INFORMATION ET DE LA COMMUNICATION

L'informatique pour tout !

L'informatique est présente partout
Tous les jours, presque à chaque moment de la journée, nous utilisons l'informatique.

Code barre dans un magasin d'alimentation.

Enfant devant son ordinateur.

Panneau d'affichage des vols à l'aéroport Roissy-Charles de Gaulle.

Distributeur automatique de billets de banque.

L'informatique pour tout !

Citroën ZX : chaîne robotisée.

L'informatique est présente également dans les usines.

Internet et les autoroutes de l'information

Le réseau internet, *World Wide Web* est une « toile d'araignée mondiale » qui relie tous les points du monde en réseau (net). Internet permet aussi d'envoyer des messages électroniques (e-mail). Grâce à internet, on peut communiquer avec des personnes situées à l'autre bout du monde et trouver tous les renseignements que l'on veut sur n'importe quel sujet. Internet, c'est le plus grand centre de documentation qui ait jamais existé.

Sais-tu que... Ce sont les militaires américains des États-Unis qui ont inventé Internet. C'est pour cela que la plupart des noms de ce système de communication sont anglais. Ensuite les laboratoires de recherche se sont connectés et maintenant les particuliers. Bientôt toutes les écoles seront raccordées au réseau et auront leur site Internet.

L'informatique à trouvé sa place dans de nombreux domaines de notre vie quotidienne, de l'industrie et des communications.

133

Des satellites pour localiser

Les satellites sont très utiles pour maintenir le contact radio avec des mobiles (navires, plates-formes de forage, brise glace, avion, etc.), rétablir un lien radio lorsque le réseau terrestre de télécommunications a été endommagé à la suite d'une catastrophe.

Suivre les alpinistes.

S'informer sur l'état du trafic en ville (système GPS).

Recueillir des informations avec un ballon de radiosondage météo.

Étudier les migrations.

Communiquer avec un bateau naufragé.

Gérer une course dans le désert.

Relayer les communications

La communication à distance utilise des ondes radioélectriques. Ces ondes invisibles peuvent parcourir des distances aériennes très importantes à condition qu'il n'y ait pas d'obstacles. La Terre est ronde, il faut des relais. L'espace est le perchoir idéal pour un relais exceptionnel : le satellite artificiel de télécommunications. Un satellite de communications permet de très nombreuses utilisations : téléphone, télévision, télex, télécopie, échanges de données entre ordinateurs, etc.

Même en avion, le passager reste en contact avec le monde entier.

Ordinateur connecté à Internet (*world wide web*) par satellite et fibre optique.

Téléphone mobile dans le désert.

Salle de classe avec ordinateurs en réseau, liaison Internet, communication avec le reste du monde.

Index des mots

A

Accouchement	73
Allaitement	73
Appareil digestif	64 ; 96
Articulation	53 ; 55
Atmosphère	48 et 49 ; 98 et 99
Auto-épuration	51

B

Balance	127 à 129
Bactérie	51
Besoins alimentaires	56
Big-bang	95 ; 102
Bourgeon	23
Bronche	61

C

Cadran solaire	110
Calcium	56
Chaîne alimentaire	40 à 42
Chaleur	82 et 83
Claquage	56
Clepsydre	108
Condensation	7 ; 8 ; 10
Conduction	82
Courant	76 ; 120 et 121 ; 125
Cycle	44 ; 45 ; 51 ; 100

D

Déchet	50 et 51
Disjoncteur	125
Durée	93 ; 100 ; 108 et 109 ; 111

E

Échographie	72
Eau	6 et 47
Éclipse	94 ; 101
Écosystème	40 ; 42 ; 43
Électricité	76 et 77 ; 78 ; 120 à 124 ; 131
Embryon	20 ; 68 ; 70
Énergie	74 et 75 ; 78 et 79 ; 83 ; 104
Engrenage	131
Espace	48 ; 104 à 107
Étoile	91 ; 94 ; 102 ; 103
Évaporation	45

F

Fécondation	69 ; 70
Fleur	24
Fœtus	71 et 72
Fruit	24 et 25
Fusée	104 et 105
Fusion	7

G

Gaz	6 ; 7 ; 78 ; 94 ; 98 et 99 ; 103
Glace	8 et 9
Glucide	56 et 57
Grenouille	16 et 17

H

Heure	91 ; 110 à 112
Homme préhistorique	38 et 39
Homo sapiens	38 ; 95

Index des mots

I
Informatique	132 à 137
Intestin grêle	58 et 59 ; 64
Isolation	83 ; 125

J
Jumeaux	69

L
Lanceur	105 ; 106
Larve	14 ; 16
Levier	126 ; 127
Lipide	56
Lumière	84 ; 88 ; 102
Lune	100 et 101

M
Masse	127
Matière	6 et 7 ; 102 et 103
Méridien	91 ; 112 et 113
Métamorphose	14 ; 16 à 19
Muscle	56 et 57 ; 62 ; 63 ; 73

N
Naissance	14 à 15 ; 71 à 73
Navette	105 ; 107

O
Ombre	84 et 85 ; 90 ; 110
Ovipare	14
Ozone	48 et 49

P
Pile	76 ; 120 et 121 ; 124
Placenta	70 ; 73
Planète	94 et 95 ; 98 à 102
Poids	129
Pollinisation	24
Pollution	49
Poumon	60 et 61 ; 64
Prise de terre	125
Procréation	68 et 69
Protide	56 ; 57
Puberté	68

S
Sablier	108
Saison	92 et 93
Satellite	100 ; 105 et 106 ; 134 et 137
Séisme	114 et 115 ; 118 et 119
Soleil	84 ; 85 ; 90 ; 92 ; 93 à 98 ; 100
Solidification	7
Solstice	93
Sublimation	7
Système solaire	94 ; 96 à 98 ; 106

T
Température	6 et 7 ; 48 ; 98 et 99 ; 117
Terre	48 ; 85 ; 90 ; 92 à 98 ; 100 ; 104 106 ; 107 ; 110 ; 114 ; 117
Têtard	16 ; 42
Thermographie	83

V
Vapeur	6 ; 8
Vaporisation	7 ; 8
Virus	50
Vitamine	56
Vivipare	14

Glossaire

alternateur : générateur de courant électrique alternatif (courant du secteur, par exemple).

balance : Il existe différents types de balances. Les balances mesurent la masse.
Balance romaine. La plus ancienne des balances ! Elle manque de précision.
Balance à plateaux type « trébuchet ». C'est une balance sensible. Elle a été utilisée par Lavoisier, grand chimiste français (1743-1794).
Balance mécanique. Elle est automatique et évite le plus souvent d'utiliser des masses marquées.
Balance électronique. On la trouve dans les supermarchés. Elle est programmée pour un certain nombre de produits dont le prix unitaire est préenregistré. Il suffit de placer un sac de pommes, par exemple, d'appuyer sur la touche « pomme » et le prix est imprimé sur une étiquette ainsi que le code barre. Le principe du *peson* est différent de celui des balances : il repose sur la déformation d'un ressort qui dépend de la force à laquelle il est soumis : le poids de l'objet à mesurer. Le peson mesure le poids, qui dans le système international de mesure, s'exprime en Newton (N). L'unité inscrite sur les pesons d'autrefois est exprimée en kilogrammeforce (kgf). Quant au *pèse-personne*, il repose sur le même principe que le peson : la déformation d'un ressort ! Notre poids ne sera donc pas le même à Paris et en haut du Mont Blanc ! Le pèse-personne devrait être gradué en Newton ; en fait sa graduation indique des kilogrammes ! L'erreur n'est pas énorme, car dans un même pays le poids varie peu avec le lieu.

conducteur électrique : se dit d'une matière qui laisse passer le courant électrique.

conducteur thermique : se dit d'une matière qui transmet la chaleur.

constellation : figure formée par des lignes imaginaires reliant les étoiles les plus visibles entre elles.

éclipse : disparition d'un astre produite par l'interposition d'un corps entre cet astre et l'œil de l'observateur ou entre cet astre et le Soleil qui l'éclaire.

Glossaire (de alternateur à masse)

écosystème : lieu de vie (biotope) peuplé d'animaux et de végétaux (biocénose).

électrocution : mort produite par le passage du courant dans l'organisme.

équinoxe : jour de l'année où la durée du jour est égale à celle de la nuit ; c'est le premier jour du printemps et le premier jour de l'automne.

espèce : ensemble d'êtres vivants qui se ressemblent et peuvent procréer ensemble. Leurs petits peuvent se reproduire.

étoile : astre qui émet de la lumière par lui-même.

évolution : transformations des espèces, transmises de génération en génération, et dont les espèces actuelles sont le résultat.

fossile : reste ou empreinte d'êtres vivants conservé dans une roche.

génératrice, générateur : appareil capable de fournir du courant électrique (piles, alternateur, batterie...).

géocentrique : qui est rapporté au centre de la Terre, pris comme point de comparaison.

germination : période pendant laquelle la graine germe.

gestation : période pendant laquelle la femelle porte ses petits dans son ventre.

glucide : sucre.

héliocentrique : qui est rapporté au centre du Soleil.

infrarouge : radiations invisibles qui rayonnent de la chaleur.

isolant électrique : se dit d'une matière que ne conduit pas le courant électrique.

isolant thermique : se dit d'une matière qui limite les échanges de chaleur.

levier : barre rigide pouvant basculer autour d'un point fixe (point d'appui ou pivot) pour soulever les fardeaux.

lipide : corps gras (huile, beurre, graisses).

malnutrition : manque de certains groupes d'aliments, en particulier d'aliments bâtisseurs, ce qui provoque des retards de croissance très graves.

masse : quantité de matière contenue dans un corps. L'unité de masse est le kilogramme (kg). La masse se mesure avec une balance, elle ne varie pas avec le lieu.

mélange : mélange hétérogène de deux produits solides ou liquides dont la séparation peut s'effectuer par décantation ou filtration.

mélange réfrigérant : mélange comportant 1/5 de sel et 4/5 de glace pilée dont la température peut descendre jusqu'à -15°C et qui est utilisé pour la fabrication de la crème glacée en l'absence de réfrigérateur.

microbes : êtres vivants, visibles seulement au microscope (d'où leur nom). Ils sont extrêmement variés : bactéries, champignons microscopiques, virus. Certains provoquent des maladies, d'autres sont utiles.

nutriments : particules microscopiques solubles ; elles sont le résultat de la digestion des aliments ; elles passent dans le sang pour nourrir tous les organes du corps.

orbite : trajectoire fermée d'un corps qui tourne autour d'une planète ou d'une étoile.

ovipare : animal qui pond des œufs.

pesanteur : attraction terrestre.

photopile : pile dans laquelle l'énergie électrique est produite à partir d'énergie lumineuse. Elle est composée de semi-conducteurs.

photosynthèse : les végétaux verts possèdent de la chlorophylle qui capte la lumière. Grâce à cette énergie, ils fabriquent de la matière organique (toutes les molécules des êtres vivants) à partir du dioxyde de carbone de l'air (gaz carbonique) et de l'eau prélevée dans le sol. Cette réaction produit du dioxygène (oxygène) rejeté dans l'air.

pile : générateur d'électricité composé de deux métaux différents trempant dans une solution acide. L'origine de l'électricité est chimique, le courant obtenu est continu.

planète : astre qui paraît parfois lumineux car il réfléchit la lumière du Soleil ou d'une autre étoile.

poids : valeur de la force d'attraction de la Terre (pesanteur) sur un objet. L'unité de poids est le Newton (N), le poids varie avec le lieu et se mesure avec un dynamomètre.

procréation : création d'un nouvel être humain par l'union d'un ovule de sa mère et d'un spermatozoïde de son père.

Glossaire (de mélange à volcan)

procréer : donner naissance à un enfant (pour des humains) ou à des petits (animaux).

protéine : substance indispensable à l'organisme que l'on trouve surtout dans la viande, le poisson, les œufs, les produits laitiers et dans certains végétaux.

recyclage : traitement d'un matériau en vue de sa réutilisation.

satellite : corps qui tourne autour d'une planète. Il existe des satellites naturels (la Lune) et des satellites artificiels lancés par l'Homme.

satellisation : lancement et mise en orbite de satellites artificiels autour de la Terre.

séisme : tremblement de terre.

sens : organe qui permet de percevoir des sensations. Aux cinq sens traditionnellement décrits (vision, audition, odorat, goût, toucher), il faut ajouter l'équilibre.

solstice : jours de l'année où la durée du jour ou de la nuit est la plus longue. Il s'agit du premier jour de l'hiver (solstice d'hiver) ou du premier jour de l'été (solstice d'été).

solution : mélange homogène de deux produits au moins et dont un liquide, dont la séparation ne peut pas s'effectuer par décantation ou filtration.

sous-nutrition : manque de nourriture par rapport aux besoins de l'organisme.

squelette : charpente qui soutient notre corps ; il est formé d'os rigides et solides.

toxique : dangereux pour l'espèce humaine ou les autres êtres vivants.

valoriser, valorisation : valoriser un déchet consiste à lui redonner une nouvelle vie en en permettant une nouvelle utilisation.

vivipare : le bébé se développe dans le ventre de la mère grâce à la nourriture qu'elle lui fournit à travers le placenta ; c'est le cas de la plupart des mammifères.

volcan : fissure par où sort de la lave (roches en fusion), ou des gaz venant de l'intérieur de la Terre.

CRÉDITS PHOTOGRAPHIQUES

La matière
P. 6 : h : D. Faure/Diaf ; b : A. Béguerie
P. 8 : h : A. Béguerie ; b : Jean-Philippe Delobelle/Bios
P. 9 : h : F. Cahez/Bios ; b : M. Rapilliard/Bios
P. 10 : hg : Sygma ; hd : M. Gunther/Bios ; b : Volvic
P. 11 : h : A. Béguerie ; m : J.-F. Mutzig/Bios ; b : M. Rougemont/Top

Le vivant
P. 12 : hg : G. Zappa/Colibri ; hd : Axel/Jacana ; b : A. Labat/Colibri
P. 13 : hg : P. Goetgheluck/PHO.N.E ; d : P. Starosta ; m : G. Lacz/Sunset ; b : Rouxaime/Jacana
P. 14 : h : Sunset/Animals animals ; mg : Paul Starosta ; md : PHO.N.E./Collection J. ; b : Paul Starosta
P. 16 : h : M. Lefèvre/Bios ; hd, bg et bd : A. et J. Six
P. 17 : A. et J. Six
P. 18/19 : Paul Starosta
P. 20/21 : J. Guichard
P. 22 : Alain Le Toquin
P. 23 : h1 : G. Lacz/Sunset ; h2/3 : A. Labat/Colibri ; b1 : Labat/Colibri ; b2 : G. Lacz/Sunset
P. 24 : g : A. Larivière/Jacana ; d : Paul Starosta
P. 25 : J.-M. Labat/PHO.N.E.
P. 26 : h : F. Strauss/M.A.P. ; b : René Dulhoste/Jacama
P. 27 : h : Claude Nardin/Jacama ; b : M. Rancillac/INRA
P. 28 : h : J. Guichard ; b : Paul Starosta
P. 29 : hg : Colas/Jacana ; hd : Goutet/Bios ; b : Paul Starosta
P. 34 : M. Petzold
P. 35 : hg : L. Psihoyos/Matrix/Cosmos ; hd : F. Gohier/PHO.N.E. ; bd : Wojtek Buss/Hoa-Qui
P. 39 : outils : Hachette ; b : R. Gaillarde/Gamma

L'environnement
P. 41 : hg : A. et J. Six ; m : Collection J./PHO.N.E. ; b : Chantelat/Sipa press
P. 46 : h : L. Gibet/Rapho ; m : Somatino/Jerrican ; b : Photothèque Degrémont
P. 47 : Y. Arthus-Bertrand/Altitude
P. 48 : NASA/Ciel et espace
P. 49 : hd : Gaillard/Jerrican ; mg : C. Sappa/Rapho ; md : J.-P. Amet/Sygma ; bg : M. Barret/Rapho ; bd : Chandelle/Jerrican
P. 50 : h : Hans Sylvester/Rapho ; bg : F. Cahez/Bios ; bd : M. Baret/Rapho
P. 51 : hg : M. Gile/Rapho ; hd : F. Ancellet/Rapho ; bg : Herambourg/Sunset ; bd : S. Miller/Pix

Le corps humain et l'éducation à la santé
P. 52 : Jean-Michel Labat/PHO.N.E.
P. 54 : Japack/Sunset
P. 57 : d : Alain Pinoges/CIRIC ; g : Perlstein/Jerrican
P. 59 : h : CNRI ; b : Labat/Lanceau/PHO.N.E
P. 60 : CNRI
P. 61 : A. Pol/CNRI
P. 63 : A. Pol/CNRI
P. 69 : F. Leroy/Biocosmos/SPL/Cosmos
P. 70/71 : Petit format/Guigoz
P. 72 : g : Mediamed-publiphoto/CNRI ; d : Photogram-Stone Images
P. 73 : © Zefa/Jonas/Hoa-Qui

L'énergie
P. 74 : h : R. Rozencwajg/Diaf ; m : Stock Image ; b : Russel-Curtis/Cosmos
P. 75 : J.-D. Sudres/Diaf ; P. Guignard ; FLPA/Sunset
P. 76 : hg : S.A.F.T. ; hd : P. Menzel Wheeler pictures/Cosmos ; b : H. Matsumoto/Fotogram Stone Images
P. 77 : h : A. Béguerie ; b : C. Raoul/La Médiathèque EDF
P. 78 : h : A. Béguerie ; b : P. Vilboux/La Médiathèque EDF
P. 80 : h : Fuste-Raga/Jerrican ; b : Gaillard/Jerrican

P. 81 : h : Darque/Jerrican ; b : Sebart/Jeerrican
P. 83 : h : Jerrican/Bramaz ; b : STF/Sunset

Le ciel et la Terre
P. 84 : hd : Le Louvre/Lauros Giraudon ; bg : Noto Campanella/Stock Image ; bd : A. Benainous ; T. Tinaddi/Gamma
P. 85 : h : NASA/Ciel et espace ; b : Iund-Seguin/Temp Sport
P. 86 : h : Duranti/Jerrican ; g : Gordons/Jerrican ; b : Labat/Jerrican
P. 87 : h : Photothèque Hachette ; g : Labat/Jerrican ; d : P. Berejeam/Marco Polo ; b : Didier Ravon/Sea and see
P. 88 : h : Roger Viollet ; b : Dagli Orti
P. 89 : hg : Canon ; m et b : Agfa
P. 90 : h : ESA/Ciel et espace ; b : © A. Husmo/Photogram-Stone Image
P. 91 : © Pekka Parviainen/Ciel et espace
P. 94 : h : Explorer ; b : Y. Delaye/Ciel et espace
P. 95 : © S. Numazawa/APB/Ciel et espace
P. 96 : h : Explorer ; b : Josse
P. 97 : h : © Evans/Explorer ; b : © Manchu/Ciel et espace
P. 98/99 : hg : © Hachette ; (1, 2, 5 et 9) NASA/Ciel et espace ; (3) ESA/Ciel et espace ; (4 et 6) USGS/Ciel et espace ; (7) Sygma ; (8) JPL/Ciel et espace
P. 100/101 : haut : NASA/Ciel et espace ; Les phases de la Lune, de gauche à droite : photos Ciel et espace. (a) Y. Watabe ; (b) J. Dagesco ; (c) A. Fujii ; (d) S. Brunier ; (e, f, g) A. Fujii
P. 102 : h : Fujii/Ciel et espace ; b : © S. Numazawa/APB/Ciel et espace
P. 103 : h : Fujii/Ciel et espace ; bg : A. Cirou/Ciel et espace ; bm : JPL/Ciel et espace ; bd : AAO/D. Malin/Ciel et espace
P. 104 : Dagli Orti
P. 105 : h : © P. Aventurier/Gamma ; m : NASA/Ciel et espace ; b : (détail) Manchu/Ciel et espace
P. 106 : h : illustration d'après le CNES ; bg : EUTELSAT's ; bm : Gamma ; bd : Météo France
P. 107 : h : CNES/C. Bardou/Gamma ; b : illustration - B. Nicolas, *L'Espace, 30 mots clefs*, Ed. PEMF
P. 108 : h : Dagli Orti ; b : Murray Alcosser/Image Bank
P. 109 : d : Artephot/Oronoz ; g : Villerot/Diaf
P. 110 : h : Le Bot/Diaf ; b : © Labat J.M. Lanceau/PHO.N.E
P. 111 : g : © S. Bréal/Colibri ; d : Casio
P. 112/113 : © cartographie Hachette Éducation
P. 114 : h : Keystone ; b : Krafft/I et V Hoa-Qui
P. 115 : Hosaka/Gamma
P. 116/117 : h : Leeson T. et Ph/Jacana ; m et b : Krafft/I & V Hoaqui
P. 118/119 : © cartographie Hachette Éducation

Un monde construit par l'homme
P. 120 : A. Béguerie ; illustr. d'après *Qu'y a-t-il derrière la prise ?* Piccolia, Cité des sciences et de l'industrie
P. 121 : h : F. Roger/La Médiathèque EDF ; b : Josse
P. 124 : h : A. Béguerie ; g : Ha. Segalen/Top ; bd : P. Hussenot/Top
P. 125 : document Promotelec ; logo © AFNOR
P. 126 : h : A. Béguerie ; b : Albin Guillot/Roger Viollet
P. 127 : h : A. Béguerie ; m : Labat/Jerrican ; b : Ann Ronan Picture Library/Image Select
P. 128 : Josse
P. 129 : hg : Musée des Arts et Métiers CNAM-Paris/P. Faligot ; hd et bg : J. Benazet/Pix ; bd : © Garo-Phanie
P. 130 : hg : Dagli Orti ; hd : © Musée des Arts et Métiers CNAM-Paris/P. Faligot ; b : Gaillard/Jerrican
P. 131 : A. Béguerie

Les technologies de l'information et de la communication
P. 132 : hg : Daudier/Jerrican ; hd : A. Béguerie ; bg : © Fuste RAGA/Jerrican ; bd : © Aurel/Jerrican
P. 133 : h : Pitois/Jerrican ; b : A. Béguerie

Achevé d'imprimer en Italie par Europrinting S.p.A.
Dépôt légal : 07/2009 - Collection n° 20 - Édition n° 09
11 6375 7